杭州优秀传统文化丛书
Hangzhou Youxiu Chuantong Wenhua Congshu

吴钩越剑一水间

杜正贤 吴大年 姜骋 —— 著

杭州出版社

> 图书在版编目（CIP）数据

吴钩越剑一水间 / 杜正贤，吴大年，姜骋著. -- 杭州：杭州出版社，2022.8
（杭州优秀传统文化丛书）
ISBN 978-7-5565-1835-7

Ⅰ.①吴… Ⅱ.①杜…②吴…③姜… Ⅲ.①地方史—杭州 Ⅳ.① K295.51

中国版本图书馆 CIP 数据核字（2022）第 124255 号

Wugou Yuejian Yi Shui Jian

吴钩越剑一水间

杜正贤　吴大年　姜　骋　著

责任编辑	蒋晓玉
装帧设计	章雨洁
美术编辑	祁睿一
责任校对	魏红艳
责任印务	姚　霖
出版发行	杭州出版社（杭州市西湖文化广场32号6楼）
	电话：0571-87997719　邮编：310014
	网址：www.hzcbs.com
排　　版	浙江时代出版服务有限公司
印　　刷	天津画中画印刷有限公司
经　　销	新华书店
开　　本	710 mm×1000 mm　1/16
印　　张	13.25
字　　数	195千
版 印 次	2023年1月第1版　2023年1月第1次印刷
书　　号	ISBN 978-7-5565-1835-7
定　　价	58.00元

（版权所有　侵权必究）

序 言

文化是城市最高和最终的价值

我们所居住的城市，不仅是人类文明的成果，也是人们日常生活的家园。各个时期的文化遗产像一部部史书，记录着城市的沧桑岁月。唯有保留下这些具有特殊意义的文化遗产，才能使我们今后的文化创造具有不间断的基础支撑，也才能使我们今天和未来的生活更美好。

对于中华文明的认知，我们还处在一个不断提升认识的过程中。

过去，人们把中华文化理解成"黄河文化""黄土地文化"。随着考古新发现和学界对中华文明起源研究的深入，人们发现，除了黄河文化之外，长江文化也是中华文化的重要源头。杭州是中国七大古都之一，也是七大古都中最南方的历史文化名城。杭州历时四年，出版一套"杭州优秀传统文化丛书"，挖掘和传播位于长江流域、中国最南方的古都文化经典，这是弘扬中华优秀传统文化的善举。通过图书这一载体，人们能够静静地品味古代流传下来的丰富文化，完善自己对山水、遗迹、书画、辞章、工艺、风俗、名人等文化类型的认知。读过相关的书后，再走进博物馆或观赏文化景观，看到的历史遗存，将是另一番面貌。

过去一直有人在质疑，中国只有三千年文明，何谈五千年文明史？事实上，我们的考古学家和历史学者一直在努力，不断发掘的有如满天星斗般的考古成果，实证了五千年文明。从东北的辽河流域到黄河、长江流域，特别是杭州良渚古城遗址以距今 5300—4300 年的历史，以夯土高台、合围城墙以及规模宏大的水利工程等史前遗迹的发现，系统实证了古国的概念和文明的诞生，使世人确信：这里是古代国家的起源，是重要的文明发祥地。我以前从来不发微博，发的第一篇微博，就是关于良渚古城遗址的内容，喜获很高的关注度。

我一直关注各地对文化遗产的保护情况。第一次去良渚遗址时，当时正在开展考古遗址保护规划的制订，遇到的最大难题是遗址区域内有很多乡镇企业和临时建筑，环境保护问题十分突出。后来再去良渚遗址，让我感到一次次震撼：那些"压"在遗址上面的单位和建筑物相继被迁移和清理，良渚遗址成为一座国家级考古遗址公园，成为让参观者流连忘返的地方，把深埋在地下的考古遗址用生动形象的"语言"展示出来，成为让普通观众能够看懂、让青少年学生也能喜欢上的中华文明圣地。当年杭州提出西湖申报世界文化遗产时，我认为这是一项需要付出极大努力才能完成的任务。西湖位于蓬勃发展的大城市核心区域，西湖的特色是"三面云山一面城"，三面云山内不能出现任何侵害西湖文化景观的新建筑，做得到吗？十年申遗路，杭州市付出了极大的努力，今天无论是漫步苏堤、白堤，还是荡舟西湖里，都看不到任何一座不和谐的建筑，杭州做到了，西湖成功了。伴随着西湖申报世界文化遗产，杭州城市发展也坚定不移地从"西湖时代"迈向了"钱塘江时代"，气势磅礴地建起了杭州新城。

从文化景观到历史街区，从文物古迹到地方民居，众多文化遗产都是形成一座城市记忆的历史物证，也是一座城市文化价值的体现。杭州为了把地方传统文化这个大概念，变成一个社会民众易于掌握的清晰认识，将这套丛书概括为城史文化、山水文化、遗迹文化、辞章文化、艺术文化、工艺文化、风俗文化、起居文化、名人文化和思想文化十个系列。尽管这种概括还有可以探讨的地方，但也可以看作是一种务实之举，使市民百姓对地域文化的理解，有一个清晰完整、好读好记的载体。

传统文化和文化传统不是一个概念。传统文化背后蕴含的那些精神价值，才是文化传统。文化传统需要经过学者的研究提炼，将具有传承意义的传统文化提炼成文化传统。杭州与丛书作者在创作方面作了种种古为今用、古今观照的探讨交流，还专门增加了"思想文化系列"，从杭州古代的商业理念、中医思想、教育观念、科技精神等方面，集中挖掘提炼产生于杭州古城历史中灵魂性的文化精粹。这样的安排，是对传统文化内容把握和传播方式的理性思考。

继承传统文化，有一个继承什么和怎样继承的问题。传统文化是百年乃至千年以前的历史遗存，这些遗存的价值，有的已经被现代社会抛弃，也有的需要在新的历史条件下适当转化，唯有把传统文化中这些永恒的基本价值继承下来，才能构成当代社会的文化基石和精神营养。这套丛书定位在"优秀传统文化"上，显然是注意到了这个问题的重要性。在尊重作者写作风格、梳理和讲好"杭州故事"的同时，通过系列专家组、文艺评论组、综合评审组和编辑部、编委会多层面研读，和作者虚心交流，努力去粗取精，古为今用，这种对文化建设工作的敬畏和温情，值得推崇。

人民群众才是传统文化的真正主人。百年以来，中华传统文化受到过几次大的冲击。弘扬优秀传统文化，需要文化人士投身其中，但唯有让大众乐于接受传统文化，文化人士的所有努力才有最终价值。有人说我爱讲"段子"，其实我是在讲故事，希望用生动的语言争取听众。今天我们更重要的使命，是把历史文化前世今生的故事讲给大家听，告诉人们古代文化与现实生活的关系。这套丛书为了达到"轻阅读、易传播"的效果，一改以文史专家为主作为写作团队的习惯做法，邀请省内外作家担任主创团队，组织文史专家、文艺评论家协助把关建言，用历史故事带出传统文化，以细腻的对话和情节蕴含文化传统，辅以音视频等其他传播方式，不失为让传统文化走进千家万户的有益尝试。

中华文化是建立于不同区域文化特质基础之上的。作为中国的文化古都，杭州文化传统中有很多中华文化的典型特征，例如，中国人的自然观主张"天人合一"，相信"人与天地万物为一体"。在古代杭州老百姓的认知里，由于生活在自然天成的山水美景中，由于风调雨顺带来了富庶江南，勤于劳作又使杭州人得以"有闲"，人们较早对自然生态有了独特的敬畏和珍爱的态度。他们爱惜自然之力，善于农作物轮作，注意让生产资料休养生息；珍惜生态之力，精于探索自然天成的生活方式，在烹饪、茶饮、中医、养生等方面做到了天人相通；怜惜劳作之力，长于边劳动，边休闲娱乐和进行民俗、艺术创作，做到生产和生活的和谐统一。如果说"天人合一"是古代思想家们的哲学信仰，那么"亲近山水，讲求品赏"，应该是古代杭州人的生动实践，并成为影响后世的生活理念。

再如，中华文化的另一个特点是不远征、不排外，这体现了它的包容性。儒学对佛学的包容态度也说明了这一点，对来自远方的思想能够宽容接纳。在我们国家的东西南北甚至是偏远地区，老百姓的好客和包容也司空见惯，对异风异俗有一种欣赏的态度。杭州自古以来气候温润、山水秀美的自然条件，以及交通便利、商贾云集的经济优势，使其成为一个人口流动频繁的城市。历史上经历的"永嘉之乱，衣冠南渡"，"安史之乱，流民南移"，特别是"靖康之变，宋廷南迁"，这三次北方人口大迁移，使杭州人对外来文化的包容度较高。自古以来，吴越文化、南宋文化和北方移民文化的浸润，特别是唐宋以后各地商人、各大商帮在杭州的聚集和活动，给杭州商业文化的发展提供了丰富营养，使杭州人既留恋杭州的好山好水，又能用一种相对超脱的眼光，关注和包容家乡之外的社会万象。这种古都文化，也代表了中华文化的包容性特征。

城市文化保护与城市对外开放并不矛盾，反而相辅相成。古今中外的城市，凡是能够吸引人们关注的，都得益于与其他文化的碰撞和交流。现代城市要在对外交往的发展中，进行长期和持久的文化再造，并在再造中创造新的文化。杭州这套丛书，在尽数杭州各色传统文化经典时，有心安排了"古代杭州与国内城市的交往""古代杭州和国外城市的交往"两个选题，一个自古开放的城市形象，就在其中。

　　"杭州优秀传统文化丛书"团队在传统和现代的结合上，想了很多办法，做了很多努力。传统文化丛书要得到广大读者接受，不是件简单的事。我们已经走在现代化的路上，传统和现代的融合，不容易做好，需要扎扎实实地做，也需要非凡的创造力。因为，文化是城市功能的最高价值，也是城市功能的最终价值。从"功能城市"走向"文化城市"，就是这种质的飞跃的核心理念与终极目标。

2020 年 9 月

（单霁翔，中国文物学会会长）

千里江山图（局部）

目 录

001　　引　言

第一章
多源多流之古越文化

004　　引　子

006　　"越"与"百越"

010　　吴楚启示录：春秋末年的大国博弈

013　　长岸之战

017　　鱼肠剑

第二章
火耕水耨，民食鱼稻

022　　引　子

023　　城山固陵

029　　城山下的城池营垒

033　　平凡的劳动者，渺小却伟大

第三章
一生韶华换天下

040　引　子

041　吴越之间的"相怨伐"

046　越王勾践的危机公关和复仇哲学

050　皋亭山的春天

057　从灰姑娘到倾国美人

第四章
风起皋亭

064　引　子

065　皋　亭

069　六肆家主

075　这方水碧不简单

081　丘沙的机会

084　城主府中观沧海

第五章
乱世战国路

- 094 　引　子
- 095 　越国因人而兴，亦因人而衰
- 099 　战国斗地主
- 103 　古代用间的"黄金年代"

第六章
百年基业一朝散

- 116 　引　子
- 117 　皋亭山下的赌斗
- 121 　白崖余视察攻木坊
- 128 　百工匠心
- 133 　其兴也勃焉，其亡也忽焉

第七章
万物皆可互变

- 138 　引　子

139	霸王之资
143	美不分国籍
148	彼之英雄
151	楚怀王、楚顷襄王接连败家
155	登高，志在顶峰

第八章

沧海桑田见钱唐

162	引　子
163	"物勒工名"制
167	始皇帝脆弱的丰功伟业
170	秦始皇的最后一次出巡
174	一抔黄土一归葬
185	烁金以为刃，凝土以为器
188	燕雀安知鸿鹄之志

193	参考文献

引 言

现代的杭州是一座由水写成的充满灵性和美感的城市。日夜惊涛的钱塘江、装满王者雄心的大运河、淡妆浓抹的西子湖、水网密布的西溪、清冽甘芳的虎跑泉……这些江、河、湖、溪、泉孕育了美丽富庶的杭州。但水,也曾是阻碍这座城市发展的罪魁祸首。"杭州故海地,水泉咸苦,民居零落",知州苏轼的这番话让我们对千年前的杭州城有了个大致的印象:"海地""咸苦""零落"。面对如此恶劣的生存环境,官吏们上任后忙碌的头件大事便是"治水",筑塘拦海、凿河开沟、掘井蓄水、浚湖造堤。这座城市演变的历史,同时也是一部人与水相争、人与水相融的历史。

杭州地区凭借近海靠江的水优势、浙北平原的陆优势,在秦朝立县之前的春秋战国时期,虽经历数国争霸,几易其手,但有了初步开发,尤其是江北的皋亭山(半山)地区和江南的固陵(西兴)地区发展较早,成为杭州先民的聚居地。历经沧海桑田,杭州开始了从无城向有城、从原始向文明的迈进。

1990年10月底,杭州市半山镇石塘村工农砖瓦厂取土时,发现一座古墓,由发掘出土的随葬器物判断,为战国后期墓葬，墓内所取木炭标本经中国社科院考古研究所碳十四实验室测定为距今 2252±78 年，陶器标本据上海博物馆实验室热释光测定为距今 2380±166 年，与器物推定年代基本相符。而墓内出土的水晶杯，在江南地区较为罕见，应为楚灭越后带入，证实了越王勾践与秦皇嬴政、东汉华信、隋代杨广、唐代李泌和白居易、吴越国钱镠、北宋苏轼等人一样，都是杭州历史的书写者，也是美丽杭城的缔造者。

关于春秋战国时期的杭州地区，历来文献记载零星，系统研究甚少，唯有通过考古发掘的吉光片羽和裁云剪水的想象拼图，大致勾勒出一个在论证与猜想之间时而清晰又时而模糊的古杭州形象。出于讲述故事的需要，本书在总体尊重史料的基础上，虚构了部分人物，力争复原一段吴钩越剑时代的生动历史。

第一章 多源多流之古越文化

引 子

《汉书·地理志》：自交趾至会稽七八千里，百越杂处，各有种姓。

《说苑·善说》载《越人歌》：今夕何夕兮，搴舟中流。今日何日兮，得与王子同舟！蒙羞被好兮，不訾诟耻。心几顽而不绝兮，得知王子。山有木兮木有枝。心说君兮君不知。

浙水畔，一曲由楚国传入的《越人歌》由江上传来，歌声委婉动听，唱这首歌的越人，不过是驾舟的乡野女子。她不谙丝竹管弦，也不会舞文弄墨，甚至，她连楚国的语言都不懂，而只会说越地方言。也正因如此，她可以不受礼法的羁绊，敢于直抒胸臆大胆表白，心有所爱，随口唱出。

"父亲，真好听，她唱的是什么呀？"江岸上一个少年对着一个身形壮硕的中年人言道。

中年人坐在破败的凉亭内，搓了搓手，然后双手插入袖口，笑着说："据传，楚国令尹鄂君子皙举行舟游盛会①，冠盖如云。鄂君子皙是楚王的弟弟，在盛会上，

① 此次舟游盛会发生在公元前528年。

有爱慕他的越人船妇抱着船桨，对着峨冠博带、气宇轩昂的子皙唱歌。歌声悠扬缠绵，委婉动听，打动了子皙。子皙不懂她在唱什么，于是在场一位通晓越语的楚国人，用楚歌的形式，把这首越语歌翻译出来，歌词是：'今夕何夕兮，搴舟中流。今日何日兮，得与王子同舟！蒙羞被好兮，不訾诟耻。心几顽而不绝兮，得知王子。山有木兮木有枝。心说君兮君不知。'这便有了《越人歌》之词。子皙明白歌意后，非但没有生气，还走过去拥抱她，给她盖上绣花被，愿与之同床共寝。"

少年蹲在地上，缓缓地啃着手里的桃子，似在琢磨着什么。一丝笑容出现在他圆圆的脸上，笑意让两道浓浓的眉毛不时泛起柔柔的涟漪，让他的阳光帅气多了些许少年人该有的不羁。

说话的是现今越王允常亲封司空白禹卿与长子白原[1]。白司空受命管理全国工程事务，职掌土木、水利、机器制造工程（包括兵器、军用器物等），以及矿冶、纺织等官办手工业。此次携长子白原外出是为越国在钱塘江北岸寻求一处可北伐、可西进之所建城。

[1] 白禹卿、白原皆虚构人物。

"越"与"百越"

越、楚、吴三国地处中国水资源最丰富的长江中下游地区，即我们如今所称的"江南水乡"，包含了现在的六省一市，山水相连、河网纵横、森林密布，而春秋战国时期这些地方人口稀少，土地还未得到开发利用。在保留着刀耕火种的楚越地区，人们以最原始的耕作方法，把地上生长的草木砍倒后烧成灰，用作肥料，然后在烧过火的地面上挖坑种庄稼，虽不太富裕，但温饱不成问题，且人们流连于如诗如画的山水风光，沉醉于歌舞曼妙的生活，孕育了浪漫主义情怀，过着与世隔绝的桃源生活。

进入春秋后期战国前期，充满活力和进取心成为越、楚、吴三国的一个共同特点，上下弥漫着坚强不屈的尚武精神。"筚路蓝缕，以启山林"形象地描述了它们在初创期的艰苦。越、楚、吴三国大规模接触到中原各国文化后，楚国针对人才匮乏、实力单薄的局面，不断扩张，吞并了大量姬姓诸侯小国，使自己逐渐融入华夏。随着中原的文化和人才不断涌入，楚国始能与中原各国抗衡。同时，吴、越两国也开始强大起来。

古越族在南方是一个庞大且兼具多样性的族群，它

第一章 多源多流之古越文化

"断发文身"的古越人形象

广泛分布在长江中下游、东南沿海以及岭南地区，支系繁多，正所谓"越有百种"，也正是这种多样性，致使古越国无法形成核心竞争力。

一辆越王城贵族专属的单辕马车行驶在越国都城以西的土路上，车夫在前方稳稳驾驭着四匹良马。敞开的车厢内，白禹卿端坐在正中，发丝自然垂下，披在肩后，身着用料贵重的罗縠单衣，腰间系有外露的革带，佩有一枚勾云纹带钩，更显尊贵身份。一旁站着远眺的少年自然就是白原了。

战国青铜戈

战国青铜矛

白禹卿这次带着长子白原出行，就是奉越王允常之旨为越国寻找铸造兵器的青铜等重要材料，但更为重要的是往浙水北岸寻得一处能与南岸固陵渡形成呼应的屯兵之所，作为西进北伐吴、楚的战略要地。

　　固陵渡在会稽城西北约百里外，一来一回需要两三天时间，又因临行前越王允常特意召集众要臣开会，分析安插在吴国与楚国的细作相续传回的两国战情，白禹卿担心儿子，本不同意同往，但拗不过白原百般恳求。仔细想想，也该带儿子了解一下家族的情况了。一路上，白禹卿对白原悉心教导，将近年来越国与吴、楚之间的邦交关系讲给儿子听。

吴楚启示录：春秋末年的大国博弈

《论语·阳货》：三年之丧，期已久矣。君子三年不为礼，礼必坏；三年不为乐，乐必崩。

《左传·昭公》：吴灭州来，令尹子期请伐吴，王弗许，曰："吾未抚民人，未事鬼神，未修守备，未定国家，而用民力，败不可悔。州来在吴，犹在楚也。子姑待之。"

春秋战国，霸主相继出现，尔虞我诈的国家关系就如现今的国际形势一样，弱肉强食的诸侯吞并就如现今市场竞争中上演的一幕幕大鱼吃小鱼一般，充满了无耻和暴力，诚如秦在"秦晋之好"的背后可以因为利益，在一夜之间背晋结郑，这样的事情比比皆是。孔子说，这是礼崩乐坏的时代。

周代礼乐的本质，是巩固贵族内部关系和统治人民的一种手段。周代实行分封制，周王将土地连同人民，分别授予王族、贵族和功臣，让他们建立自己的领地，就是诸侯国。当时的先进技术，如铁器和牛耕的出现，又加速了百姓开垦私田的进程，粮食产量和储备充足，解决了吃饭问题，人口就可以大量地繁衍了。各诸侯国逐渐壮大起来，都想摆脱周天子的控制。

第一章 多源多流之古越文化

管仲画像

　　为了更好地管理土地和人民，各诸侯国相继变法革新，传统的旧制周礼渐渐废弛。"礼"是当时的制度与价值，在改革兴起之前，没有独立于它以外的概念。一个叫管仲的人以"法出于礼"的观念打破这一状态，逐渐酝酿并促使"法"登上了思想史的舞台。从马克思主义的角度来看，春秋战国是从奴隶制向封建制转型的时期，生产力的发展需要对应的生产关系，旧制度已经瓦解，新规则还没建立，这就为春秋战国的百家争鸣提供了生长壮大的土壤。

　　春秋后期，晋、楚两家的博弈进入低潮，为了掣肘对方，他们分别扶植起地处南方的吴国和越国，由此促成了吴、越两国的崛起。

　　吴国和越国在中原人看来是非常奇怪的。吴人风轻云淡、自由自在，喜欢剪发和变换发型，他们的头发时长时短，款式很多；而越国人崇尚自然，喜欢返璞归真，他们断发文身、凿齿椎髻、箕踞而坐，乃至喜生食、善野音、重巫鬼，多少带有野性的精神气质。

再看隔壁的同期生楚国。楚平王继位后，本是为太子建去秦国提亲，可没想到好色的楚平王竟自己娶了嬴氏，并生下一子，也就是后来的楚昭王。后来，楚平王听信谗言，"建与伍奢，将以方城之外叛，自以为犹宋、郑也。齐晋又交辅之，将以害楚，其事集矣"，杀了伍奢及其长子伍尚，太子建出逃。

白原的思绪快速转动，迅即说道："父亲所言，也就是现今吴人在吴楚之战中占据先机的主要原因吧？"

白原能意识到当前吴楚之战中吴国的优势所在，白禹卿很满意，接着说道："你可知伍奢是何人？他是现今吴国大夫伍子胥的父亲。"

身负杀父之仇的伍子胥投奔了心怀夺妻之恨的太子建，两个人凑在一起，天天谋划反攻楚国的计策。可惜的是，太子建是一个经常智商不在线的人，他被晋国人骗到郑国卧底，还没怎么着呢，就让郑国人抓获后当街斩杀了。伍子胥因为跑得快，没有被逮住。事后，伍子胥想来想去，能容纳自己的只有楚国的死敌吴国了，但他又受到吴王僚的猜忌和疏远，只能躬耕隐居于民间。

公子光的出现，让伍子胥再一次看到了复仇的希望。

公子光是吴王寿梦的长子诸樊的儿子。吴国采用的是兄终弟及的传位方式，父辈若都死光了，就按儿子辈的大小来顺位。诸樊去世后传位给了二弟余祭，二弟又传位给了三弟夷昧，因老四季札不愿做王，夷昧就把本属于公子光的王位传给了自己的大儿子僚。当时，公子光知道自己尚弱小，于是一直隐忍着，等待着一个机会。伍子胥的出现，让公子光觉得机会来了。

长岸之战

《吴越春秋·王僚使公子光传》：二年，王僚使公子光伐楚，以报前来诛庆封也。吴师败而亡舟。光惧，因舍，复得王舟而还。光欲谋杀王僚，未有所与合议，阴求贤，乃命善相者为吴市吏。

吴楚所处之地，也影响着他们争霸中原的结果。楚国介于江淮之间，牢固地掌握着汉水、淮河流域，可以从南阳盆地和大别山两个方向出击中原：南阳盆地像个旋转门，可以四处出击；翻越大别山，楚国又可以到淮河流域的中原国家打劫。吴国的核心则在太湖流域，相对于各诸侯国争夺的焦点中原之地来说，它地理位置偏远，是一个不起眼的小国。但是谁也没想到，进入春秋后期，吴国却成为在两千多年前第一个贵族的掘墓者，而被埋的，就是楚国贵族。

楚国与吴国，一个在江淮流域的上游，一个在下游，长江与淮河成为二者争夺的生命线。吴楚战争在双方看来，不是谁打赢了谁就是老大的争霸战争，而是一场零和博弈的生死之战，不是你死就是我亡。可怕的是，谁也没想到这一战一打就打了八十年。吴国虽是小国，可是家里有矿，还有晋国的支持，在当时压根儿就不把楚国放在眼里。进入争端的下半场，吴国体力极其充沛，越战越强，而楚国已经体力不支，快撑不住了。

就在楚平王与嬴氏新婚的第一年，吴国在长岸（今安徽当涂）对楚国发动了水战。要知道水战可是春秋时期国与国之间的高科技战争，因为水战要用到大量的战船，而对于习惯陆战的中原军队而言，这战船作战的方式是高端操作。战船这玩意儿体积那么大，科技含量又高，一般国家还真造不出来。当时舟船所具备的战斗力，几乎可等同于国家的实力。

在现代海军中，我们可以按照军舰的大小和用途把它们分为航空母舰、战列舰、巡洋舰、驱逐舰、护卫舰、指挥舰和鱼雷艇。在吴楚水师大军里，战船也按照大小和用途的不同，被细分为大翼、中翼、小翼、突冒、楼船和桥船等等。

春秋战国时期，大翼、中翼、小翼是水战的主力。大翼相当于现在的战列舰，具有体积大、威力猛、速度快、机动性好且承载战斗人员多等优点。船长约23米，宽约3.5米，船身狭长，分为两层，上层是士兵作战的地方，下层是库房和船工划桨的地方，共可装载士兵、船工等约91人，还可以运载相当数量的给养和武器装备，如弓弩、长矛、长斧和标枪等。其形体十分适合突击作战，是一种可以快速进攻的攻击艇。中翼、小翼的体积就要小得多了，人员配置也少些，相当于现在的巡洋舰与驱逐舰，主要用于执行护航和巡逻任务。突冒就是船头装有撞角的船，在主力船只的外围起保护作用，相当于护卫舰。楼船相当于指挥舰，由于将领要站得高、看得远才能方便指挥，所以楼船上都会有一座很高的楼。桥船则是负责打头阵的小船，具有骚扰、侦察的作用，相当于鱼雷艇。

仿春秋战国大翼战船

　　水战的战术很简单：敌我双方先是远距离用箭相互射击；当船只接近时，再用长杆武器相互钩对方；等到两船接触时，双方就开始跳到对方的船上肉搏厮杀。

　　由于从楚国郢都到吴国梅里附近没有大平原，只有长江可以走，所以无论想控制长江上游还是下游，手里都必须有水师。楚国是个大国，造船的数量多，而吴国是个小国，造船的质量精，所以双方从交战的装备上来看各有所长。

　　所谓新"王"上任三把火，此次长岸大战，由吴王僚作为吴国新任领导人率先发起，誓要打出威风。楚国令尹子瑕与司马子鱼率领水师顺流而下与吴国水师交锋。自信心爆棚的吴王僚自认为是水上蛟龙，结果由于楚国水师占据地理位置和船只数量等优势，一开始就把吴国水师打成了皮皮虾，还把他们的巨型楼船"艅艎"给缴获了。

艅艎号可不仅仅是吴王僚的指挥舰这么简单，也曾是他老爹吴王夷昧的指挥舰，而且夷昧曾经驾驶这艘艅艎号，把楚国水师打得落花流水。如果夷昧泉下有知的话，一定会从坟墓里爬出来，把吴王僚这个败家子痛打一顿。

于是，为了夺回代表吴人王权的艅艎号，吴王僚的堂兄弟公子光献计用夜间偷袭战术。

在长岸的一个冬夜里，公子光率领大军发动夜袭，大败楚军，司马子鱼战死，艅艎号战船再次回到了吴王僚手里。

水战的胜利，预示着吴国可以溯江而上直入楚国腹地进行骚扰，但吴王僚并没有感到胜利的喜悦。自古以来，江淮地区的两个对立政权想要灭掉对方，必须水陆并举，控制长江靠水师就够了，可是淮河的周围都是大平原，只适合陆战，控制淮河还得靠陆军的深入。

随后，吴王僚又领兵三万攻打楚国淮河附近的军事重镇州来（今安徽凤台），此前州来一直在吴楚两国之间反复易手，吴王僚打算彻底拔掉这个钉子，于是在公元前519年，用一场鸡父之战拿下陆路的控制权。

吴国在陆战的胜利，让楚国看到了末日的征兆，从此楚军再也不敢轻易地主动出击吴军，而主要采取消极防御的措施，在吴楚战争格局中逐渐趋于被动。之后的连年战争中，吴国和楚国互有胜负，谁也没有彻底征服对方，这种情况一直延续到了公元前515年。

鱼肠剑

《越绝书·外传·记宝剑》：阖闾又以鱼肠之剑刺吴王僚。

欧冶子，越国的铸剑大师，当然一通百通，他也是锻造大师，是锻造武器的行家，因剑乃是兵中王者，他更喜欢铸造名剑。

欧冶子用赤堇山之锡、若耶溪之铜，经雨洗雷击，得天地精华，为越王允常铸造了五柄宝剑，它们工艺精良，坚韧锋利。不过由于制造工艺的问题，春秋时期的铜剑最长也就五十多厘米，都是短剑。为换取北境的安宁，休养生息，越王允常将其中的胜邪、鱼肠、湛卢三把宝剑献给了吴王僚。后来，宝剑又经多处辗转，被公子光高价求得。

公元前516年，杀忠、亲佞、坑兄、杀侄、霸儿媳的无道昏君楚平王去世了。吴王僚很兴奋，终于有机会干掉楚国了。同样兴奋的还有一个人，此人就是吴王的堂兄弟公子光，也就是后来的吴王阖闾，因为他知道吴王僚一定会趁此机会大举进攻楚国，而全力攻楚必然会造成吴国国内空虚，他就有机会杀死吴王僚，这就叫作

吴钩越剑一水间

HANG ZHOU

战国几何纹平脊青铜剑

"螳螂捕蝉，黄雀在后"。于是，为能顺利夺取吴国大权，公子光竭力支持吴王僚出兵楚国，吴王僚此时也被马上要击垮楚国的胜利感冲昏了头脑，没有防备身后的这位堂兄弟，派出了几乎所有的亲信和精锐部队攻打楚国。

公子光趁机请吴王僚吃饭。吴王僚应邀赴约，但为了安全，他穿了三层软甲，身边带着两位持戟侍卫，寸步不离，还有人数众多的亲兵，从王宫一直排到公子光家门口。在宴请吴王的酒席间，公子光假装脚疼，进入地下室，让刺客专诸把匕首放到烤鱼的肚子里，进献给吴王僚。专诸到了吴王僚跟前，掰开鱼肚，趁势用匕首刺杀吴王，吴王僚当时就死了，专诸也被侍卫杀死。公子光顺利登上吴王之位，专诸的儿子被封为上卿。

刺杀吴王僚的这柄剑正是鱼肠剑。

说起这段往事的莫时①是个十五岁的少年，是这次出行白禹卿特地让白原带在身边的。莫时是六肆之中攻金司的冶氏莫师公家的幼子，祖辈都是武官出身，世代负责为越王冶炼青铜。同为好剑之人，莫时自小勤于练习剑术，谈到与剑有关的话题，当即滔滔不绝，炫技之意溢于言表。

商代青铜器都是范铸法的产品，这和西方各文明很早便采用的失蜡法代表了不同的传统。青铜器的铸造是一个相当复杂的过程：首先，青铜的原料铜和锡不像石器时代那些制造石器的石料那样到处都有，可以就地取材；其次，铜和锡都是矿物，一般铜矿和锡矿都要经过提炼才能提取出金属铜和锡，何况自然铜的产地本来就很稀少。金属提炼出来以后，还需要翻铸才能铸造出可用的青铜器来。这就意味着要有一批掌握冶金技术的熟练工匠，又要有一定的贸易活动和保证交通路线畅通，

① 莫时为虚构人物。

才能解决原料和产品的运输问题。

进入春秋后期，经过各国攻金之工的研发，青铜铸造工艺发生了巨大的变化，表现在附件与器身分铸的广泛应用上，这种应用已经由前期的鋬、附兽等扩大至此时的足、耳等。同时，在分铸工艺熟练操作的基础上，焊接技术也开始普遍应用。此时还出现了失蜡法，步骤是先用蜡制造模型，再在蜡制的模型外反复涂覆细泥以成范，然后加热使蜡熔化，熔化后的蜡水倒出后形成空范，最后将熔化的铜汁倒入。由于失蜡法不必取出模具，因此可以铸造形状非常复杂的物品。用失蜡法铸出的器物既无范痕，又无垫片的痕迹，用它铸造镂空的器物更佳。

在世界冶金发展史上，中国传统的熔模铸造技术有很高的地位，现代工业的熔模精密铸造就是从传统的失蜡法发展而来的。虽然无论在所用蜡料、制模、造型材料、工艺方法等方面，传统和现代都有很大的不同，但是它们的工艺原理是一致的。

"生此乱世，尚武好剑也比轻武崇儒强啊！"白禹卿如此感叹道。作为越国司空，他虽然对练就一身剑术没太大兴趣，但是对欧冶子所铸之剑还是很神往的。

白原对莫时也是投其所好，不住发问，想引他说话，好打发路上的些许无聊。

不知怎么的，莫时突然止住不言语了，原来不知不觉间，马车已经行驶到了一个三岔路口。莫时站直身子，伸长脖子，向远方张望了一会儿，兴奋地叫道："公子，前方就是城山了，另一边则去往固陵渡口！"

第二章 火耕水耨，民食鱼稻

引 子

1991年春,考古人员对位于萧山市(今为杭州市萧山区)城厢镇西4.5公里的越王城址进行了全面的调查和清理发掘,其夯土城墙保存较完整,推测该城址是越国屯兵作战的城堡。同时,在闻堰镇王家村还出土了古代沉船,并多次发现有大批成排的长木筏残迹,极有可能是春秋战国时期越国与吴国、楚国展开水战的遗存。

城山固陵

《越绝书》：防坞者，越所以遏吴军也，去县四十里。

《越绝书》：浙江南路西城者，范蠡敦兵城也。其陵固可守，故谓之固陵。所以然者，以其大船军所置也。

白原顺着莫时手指的方向放眼望去，一片紫气蒸腾的山峦隐隐约约出现在西北面几里外，如一幅泼墨的丹青悬挂于天际，山前方的平原上河道纵横，田畴、池塘、村庄散落在这闲适的山水间。河流一路款款前行，滋润草木生灵，养育这方土地，然后汇入浙江（今钱塘江）之中。

数年前，越王允常为鼓励贵族北迁，赐封了大量浙江西南岸的土地，比如固陵县大夫就得到了城山下的万亩土地和千户人家。城山地处现今钱塘江、富春江、浦阳江三江汇合处，山势绵延数十里，是固陵渡附近的制高点，而无论是由楚国还是吴国入越境，都需经过城山北部的固陵渡，因此城山就成了浙水南岸第二道可进可守的天然屏障。把这里封给固陵县大夫，可见越王允常对于他的偏爱和信任。

今越王城山遗址全景

因防御需要，城山上已经修起一座屯兵的山寨。

白原在王城长大，少有外出，对王城以外的世界充满了好奇，不由得问道："莫时，你对城山知道多少？"

莫时若说起跟刀剑有关的事，倒是能如数家珍，和白原说上个三天三夜，但他也少出远门，哪能事事都知晓，只得摇头，道："白原君想知道城山的事，小人只可以说上个一二罢了。"

这时，一路上只顾驭马的车夫却接了话。只见其脊背宽阔，身着下人们常穿的褐衣，头上的发髻插着一根木笄，虽只是个二十岁出头的年轻人，但唇上却留了两撇小胡须，配上小眼睛，透着几分狡黠。

白原便问道："你知道？"

"小人田雏[①]，长年往返于会稽和城山，时间长了，对城山的情况知道一些。"

[①]田雏为虚构人物。

田雏作为驾驭车马的人，放在现代就是司机，而且是家主往返于王城和城山的专线司机。

白原一笑："只要不影响驾车，你尽管说来听听。"

"诺。"田雏的驾车技术老练，这边跟白原说着话，那边还能娴熟地挥臂舞动缰辔，拐了个弯，往西面的城山而去。

田雏接着缓缓说道："驺信君①乃姒氏远支，传到他时，家族已经沦为普通的士人了，后来因随先王伐赵有战功，才被封为县大夫。"

田雏又道："毕竟是大家族，驺信君的能耐到了城山似鱼得了水一般，先是在城山筑越王台，后又帮助先王广纳各国贤人，防御外敌，他那时候的年纪不过三十上下。"

在战国，哪个热血男儿没有建功立业的理想？田雏的话语里也不由得露出了艳羡之意。

说话间，他们已经驶入了城山下的乡邑，进入驺信君的领地范围了。

越国的行政划分，一般是在边地设置一些郡，内地则是由王城直辖的县，县的人口一般在万户以上。在县之下，则是百户到千户不等的乡邑，这城山就是一个乡邑。

远远望去，新开辟的一片片农田在丘陵边缘延伸开来，让城山的风光更显秀丽。一阵风儿吹过，拂动着翠绿的稻田，禾苗似是轻狂的少年随风左右摇摆着。白原和莫时不约而同地深深吸了一口气，肆意地闻着稻花的

①驺信君为虚构人物。

清香。

自越王无余立国开始，大部分越人生活在深山密林中，山地农耕以旱粮为主，水稻为辅，产量极低，"随陵陆而耕种"已不能适应人口繁衍和社会发展。越王允常即位后，为了扩大生产，加速了对平原的开发，选择光温条件和水土资源相对较好的丘陵河谷地带开展生产活动。随着农业重心的转向，又开始大量修筑围城和堤塘，建设圩田和小型农田灌区，使水稻田面积迅速增加。会稽山北面的上灶、王化一带铜、铁农具的发展，也使越民有能力在平原地区进行水稻生产和相应的农田水利建设。

城山的人还保持着山区里越人们"火耕水耨"、农猎结合的生活方式，田间三三两两的农夫一边锄草一边还有气力唱民歌，说明平日是能吃饱饭的。

城山连接固陵的道路，虽然不像会稽王城的官道一样宽敞，能容下两辆车并行，但能看出铺筑路面的黏土掺入了碎陶片和砾石。为了加强城山与固陵之间的联系，骆信君还利用错落有致的沟渠将城山旁的三江河水引到这里，灌溉庄稼。这显然是当地农户不会自发去做，也是不可能做到的，只有骆信君出面组织才能办到。

"看得出来，骆信君这几年把城山治理得很不错。"白原说道。

在古越国水网地带，出行全赖舟楫。钱塘江历史上留下众多古津渡，如鸡鸣渡、查浦渡、渔浦渡等，浩淼的浙江之水就从它们的身旁流过。这些渡口，方便人们往返浙水南北两岸与吴楚之间，战时这些津渡还是通津要塞，乃兵家必争之地。

固陵渡，在浙水之南，是越国东西南北交通枢纽，因为距越王城山不远，所以得名，又因为越王都城西端这片山岭被统称为西陵，又名西陵渡。固陵渡还与邻近王城的航坞、防坞、石塘等军事设施一样，不仅是艟舻齐聚的军港与渡口，又是防止浙江潮水侵袭的堤堰。它们作为钱塘江南岸最早的一段海塘，是越地先民与战祸、台风、涌潮等灾害抗争的屏障。固陵古津渡见证了一代代越人的生老病死、兵荒马乱和世事繁华。

白禹卿本次出行乘坐的是辆驷马安车。春秋战国时的安车多用一马，也有用四马的，只有诸侯王所乘的车有车厢、车门和车窗，内饰也顶级豪华，而王公贵族使用的安车只有盖和帷幕。白禹卿的这辆驷马安车是越王亲赐，也属于顶级豪车，只不过内饰是低配版的。马车的四匹马用一弓形器拴在轩木之上，牵引着车辆移动前进，如何控制好每一匹马，就要看车夫的技术了。

不像越王都城里的大马路常年有人保养维护，山城的官道路况时好时坏，马车又没有什么减震能力，虽然是安车可以坐着，屁股下又有厚厚的软垫，但白原还是被颠得有些腰酸背痛。他心里暗道，此去山城才几十里路程就累成这样，到时还要坐船去往浙江北岸，那自己在路上岂不就散了架了？看来这真的是一趟苦差事。到固陵渡后要找些车人，对这马车进行些许改造。

反观莫时，倒是一脸轻松，仍旧站得笔直，特别是一路行来他的手一直按在剑柄之上，纹丝不动。白原便问道："莫时，你是什么时候开始学剑的？"

莫时眼睛一转想了想，回答道："八岁。其实从我记事起，父亲就耳提面命地要我跟他学习攻金之术，但是我只喜欢天天跟在府里的剑卫们身后看他们舞剑，父亲因为这没少打我，后来发现我的心思只在剑术上，没办法，只好给我找了些名师传授我剑艺。"

春秋战国时期，佩剑、习剑、斗剑之风非常盛行，除了买不起剑的庶民外，那些游侠、商人、贵族子弟都喜欢随身佩剑，出门在外，身上要是没把剑都不好意思跟人打招呼。剑因其身正直，不较蛮力，被当时的人们喻为君子之器，是百兵之首。它是君王、氏族将领、文人、豪绅这些有身份的人用的，本是近乎礼器的存在。在春秋时期就有人把剑融入舞蹈表演之中，可以在贵族宴会上助酒兴和逗趣娱乐。进入战国后，各诸侯国兴起一股养士之风，士人阶层以佩剑、击剑来彰显武艺和能力，贵族们还通过掌握私卒和养士扩大自己的政治势力，实现自己的政治野心。因此，那个时代剑的象征意义大于实用意义，人们用于战争的还是矛、戟、钺、盾、弓矢等武器。而在各国生产的青铜剑之中，越国的当属上品，市场追捧还带动了铸剑行业的欣欣向荣，越国会稽王城成为当时好剑之人和剑客的聚集之地。

白原仔细一想，这些年出入越国会稽王城的剑客的确如过江之鲫，这大概与越王允常即位后接受中原各地先进生产技术，发展农业、陶瓷业、纺织业、编织业、造船业等，尤重冶炼业而国力日强分不开。

城山下的城池营垒

《嘉靖萧山县志》：城山，去县（萧山县）城西九里。其山中卑四高，宛如城堞。吴王伐越，次查浦，勾践保此拒吴，名越王城，又名越王台。前两峰对峙如门，曰马门。石上两窍通泉，围不逾杯，深不盈尺，冬夏不竭，曰佛眼泉。山半有池，曰洗马泉，中产嘉鱼。越拒吴时，吴意越之乏水，以盐、鱼为馈，越取双鱼答之，遂解围去。

《国语·吴语》：王命大夫曰："食土不均，地之不修，内有辱于国，是子也；军士不死，外有辱，是我也。自今日以后，内政无出，外政无入，吾见子于此止矣。"

越地山岭交错，河流短急，没有中原地区的大河流域和广大平原，在相对闭塞的丘陵地形中，也无法像中原各国一样开展大规模的区域经济联系。为求生存发展，越国就形成了一种以区域中心为核心，再利用各主要据点建城展开的国民经济体系，这种独立的经济地理格局又是以某片江河流域来呈现的，这也就决定了越国经济的多中心，而经济上的多中心又在一定程度上影响到了政治上的多中心。越国王都会稽不仅是国家机器的心脏，更是国家经济复兴的发动机和聚力点，以一城之力挑起了整个国民经济体系的大梁，从而使国家复兴大业有了坚实的物质保障，它的大、小城在组织、凝聚全国之力消灭外敌的过程中具有无可估量的作用。城山下越国的经济体系也是一种小地域中的独立经济单元，它拥有完备的工农业布局，以一个强大的商业中心城市凝合起周边农村地区的所有生产活动，从而支撑起国家的经济骨架。

越国实行的是"兵农合一"，推行男子全部要服兵役的"全民皆兵"制度。服役人员平时散在村社为农，为城邦和经济建设作保障，兵器收归国家统一保管；战时征集为兵，再发授武器，这就形成了临战集结和临时授兵制度。而"兵农合一"制度的经济基础是国家授田制。《国语·吴语》："食土不均，地之不修，内有辱于国，是子也。"其中的"食土"当为份地，代表了一种按定量分授国民土地的制度。在这种制度之下，每个具有士兵身份的村社社员，都得到一块由国家分配的份地，足以维持自己和家属的生活，这就是他们为国家服兵役的基础，兵役则是他们因份地而产生的义务，两者相辅相成。

"士、农、工、商皆国之柱石，缺一不可。这是我年轻时游历各国，在齐国稷下学到的东西。"白禹卿说。

他说的正是齐国管仲提出的"四民分业"，即士、农、工、商四种身份的人分开居住，分别培养，使各自的技艺能臻于完美。其中对于工匠的建议是：让百工聚集在一起居住，年少时就学习技术，这样一来，百工的子弟就总还是保持百工的身份。在当时的管仲看来，士、农、工、商并没有高低贵贱和本质差别，都是为诸侯贵族服务的，只是分工不同，各有专长而已。

的确，工匠在当时虽然不能自由改行，但他们的地位不低，属于"国人"，有时候还可以议政或成为都邑里发动暴动反抗贵族的主力。可这在国野之分完全消弭的现下，各国工匠的"国人"地位已经与早些年相去甚远了。就白禹卿现今所见，他们虽然能吃饱饭，但劳动成果基本被官府毫不客气地剥夺干净，只是被施舍点余下的口粮钱帛，虽不是奴隶却近似奴隶。这也难怪有不少自以为学了点文化的士人开始看不起其他三种职业，尤其是百工，竟被一些人视为贱业了。

白禹卿不赞同这种看法，说道："你们看看你我身上，穿着的深衣帛布是百工染的，乘坐的车马是百工制作的，吃饭时用的鼎簋是百工炼制铸造的，喝的酒酿浆水也是百工所制，若离了百工，你我恐怕要亲自采兰草染衣裳，吃饭时只能用叶子做盘子，出门也无车可乘了。"

白原一愣，想了想，的确是这样。

"君子虽然统治着国家，但离开了农人、工匠、商贾任何一种，这邦国都无法正常治理。我既然做了司空，便要体察百工，了解他们的生活和事业，哪能顾虑着高低贵贱而不闻不问呢？"白禹卿接着说道，"不只是在齐国，当年吴、楚两国对有技艺的工匠也极为重视，两国屡次伐战，最先做的事情就是将战败国的匠人掳回，日积月累，如今两国的百工人数竟有万人之多！"

特别是吴国的手工业虽然在制作奢侈品、艺术品方面远远不如山东六国，但兵器、甲胄、车舆的制作已经后来居上，在质量平均和制作效率方面不亚于韩、楚了。制作武装一万大军的兵器、甲胄、车辆需要多长时间？这些优势放到交战时就是硬实力的体现啊！

距离鸡父之战仅过去八九年时间，吴王阖闾重用伍子胥、孙武等人，吴国发展迅速，农业基础又较雄厚，以牛耕，淮水通粮，有充足的粮食和其他军事物资做后盾，而越国能种庄稼的地方集中在浙江以南的沙洲，且不时有天灾，白禹卿估摸着农业上是没法在短期内突飞猛进了，只能先往百工技术上想想办法。

据白禹卿所知，越国的工匠虽然不如吴、楚两国，但也是不差的，而且他在稷下时还和一些齐国工匠有交往，如今依然与他们有书信往来，想着要不要将他们骗来……不过这都是后话。接下来几天里，这位新上任的司空大人要十分积极地出入王城西北的百工之肆，先与攻木司的轮人、舆人、庐人、匠人、车人、梓人几个工种的家族代表一一会面。白禹卿出身高贵却待人和蔼，赏赐阔绰，再加上祖上在百工各司的声望，让各地工师和匠人们接受他应该是不难的。

平凡的劳动者，渺小却伟大

《考工记》：国有六职，百工与居一焉。或坐而论道，或作而行之，或审曲面执，以饬五材，以辨民器，或通四方之珍异以资之，或饬力以长地财，或治丝麻以成之。坐而论道，谓之王公；作而行之，谓之士大夫；审曲面执，以饬五材，以辨民器，谓之百工；……百工之事，皆圣人之作也。烁金以为刃，凝土以为器，作车以行陆，作舟以行水，此皆圣人之所作也。天有时，地有气，材有美，工有巧，合此四者，然后可以为良。材美工巧，然而不良，则不时，不得地气也。

城山百工坊位于城山东北靠近王台的地方，路上行人来往不息，日近中午，坊中黑烟袅袅。

仰起头，透过那些烟雾，白禹卿可以远远看到山上的王台，那是越王阅兵的地方。也就是在那里，越王勾践在后来全面爆发的吴越战争中与吴国进行对峙，并为后世留下了"馈鱼退敌"的传奇故事，当然这是后话，暂且不表。虽然向往已久，不过那儿并不是今日白禹卿的目的地，他要去的是王台下的百工坊司空署。

到了百工坊，白原发现这俨然是另外一个世界。坊门外有持剑戟的兵卒站岗，门边侧塾中有负责通报事务的小吏值班，坊门口还不时有穿着褐衣的百工进出。

见到白禹卿华贵的马车，小吏便知道来了正主，立刻将百工驱散，并让兵卒清出道路，一边打躬作揖地迎接他们的马车进入坊内，一边说道："小人见过司空，骆信君已在署中恭候多时了！"

白禹卿在小吏的引领下进入官署内堂，此时骆信君正坐在案后席子上，用笔往一卷竹册上写字，一字一句，有板有眼。

"白禹卿见过骆信君！"

只见这骆信君是个瘦巴巴的中年人，山羊胡子垂在颔下，不苟言笑。正如越王允常对他的评价——为人谨慎，偏好实干，较少夸夸其谈。他见到白禹卿等一行人，起身见礼后没有多废话便谈起了正事。

"司空此行意欲何为？"骆信君问。

白禹卿答道："掌管和考核城山百工、官营匠作，以及监督各类器作制造，分辨器具质量优劣，使百工不敢偷偷生产器物谋私，这些就是我要做的。"

原来自西周以来，列国内大致是"国有六职"，即王公、大夫、百工、商贾、农夫、妇功六种。其中，百工和商贾的地位虽不低，却没有迁居的自由，必须按官府的规定和要求集中在一起从事生产贸易。随着人口增多，经济飞速发展，这一"工商食官"制度日渐瓦解。商贾基本脱离了列国官方控制，开始出现小个体户和千金巨商，如子贡、白圭等人，富可敌国，甚至可与诸侯分庭抗礼；但工匠却仍不得自由，除了充当大大小小的贵族或大商人的附庸外，他们大部分仍隶属于官府，按照国家要求生产各类器物，闲暇之余才能做点小买卖。

为了管理隶属于越国官府的百工这个庞大群体，越王允常即位后设置了司空之职，职掌诸如土木兴建之制、器物利用之式、渠堰疏固之法、陵寝供亿之典，凡全国之土木、水利工程、兵器制造、矿冶、纺织等官办手工业无不综理。按职权来看，司空就相当于后世的"工部尚书"，权力不小，但越国贵人们都对此不屑一顾，因为要和他们眼中卑贱的百工打交道。

驺信君有心和白禹卿这位司空大人搞好关系，认真道："司空初至，君上已先行差人快马告知，要我协同司空在固陵北岸建一新城邑，这选址一事就仰仗司空大人指点了。"

白禹卿忙拱手道："城主折煞白某，建城本是百工坊分内之事。在都城之时，百工坊刮摩司匠人曾言，其先人在北岸苕溪江附近有座山名曰皋亭，四面水运便利，可在其山南建渡口驻军，山北建城邑以通商贸。半年前我差人看过，发现皋亭山往西十余里的苕溪江畔适合农人耕种生活，便利的水运还能大大节省运输时间，可以满足建城前期大量百工匠人所需。"

驺信君倒是很有耐心，接着认真地听起了白禹卿说那六肆百工的分类，还要事无巨细地询问，直至让白司空解释清楚才肯罢休。

"攻木司下属有七种，轮、舆、弓、庐、匠、车、梓，大抵与木材相关之事均可包含入内，如造车、造舟、制弓矢等。"

"攻金司分六种，筑、冶、凫、㮚、段、桃，大抵是冶炼铸造兵器和礼器，铸剑师欧冶子就出自冶氏一脉。"

"攻皮司有五种，函、鲍、䩵、韦、裘，大抵是以禽兽皮毛做甲胄裘服。"

"设色司有五种，画、缋、钟、筐、㡛，大抵是以青蓝红紫染色。"

"刮摩司亦有五种，玉、楖、雕、矢、磬，就是将石、玉、骨制作成器。"

"抟埴司只两种，陶、旊，做些陶器以及烧砖制瓦。"

"此外，百工坊下还设有百工之长的营造司，专门负责修建城池……"

以上七种工匠分类，已经涵盖了日常生活、戎祀之事的方方面面了。

因为陌生名词字句太多，骆信君这一沉着之人也听得头发昏，咋舌道："原来这便是百工之业，果然是分门别类。"他又接着问道："那我们应当如何着手？"

白禹卿道："我越国自设立司空以来便有明文，涉及兵器制作的攻金司六种，攻木司中的弓人一项，制作甲胄箭羽的攻皮司五种，以及涉及刑徒使用的营造之工均由我亲自管辖。"这时他看向白原："吾儿可在剩下的攻木、设色、刮摩、抟埴四种里选其二。"

白原眼珠一转，其实他事先早就决定好了要选什么，却故作犹豫地想了想，才道："要不然，我便负责刮摩、抟埴两种罢？"

白禹卿露出了笑容，回答道："自无不可。"

父子的对话，骆信君都入了心，作为城山的最高长官，他对此可是极度敏感的。他一心想要让城山安定，不希望闹出祸患，所以当越王允常说要让白司空来访时，他十分警惕。可现如今，白禹卿却让骆信君很放心，因为除却制弓外，攻木司剩下的都只跟舟车制作有关，至于设色之工，更只是挖挖丹砂，筹备染料罢了。

在选完要负责的方向后，白原便说他要去刮摩、抟埴两个百工聚集的区域看一看。骆信君却不以为然地说道："侄儿误矣。吾等工尹只负责颁布命令，具体事务让下面的工师主持即可，工师之下才是具体制造器物的百工，侄儿大可不必亲临查看。况且百工居肆是肮脏之地，又岂是你这贵公子能踏足的？"

自打骆信君坐镇城山、固陵以来，基本就在官署里办公，让斗食小吏传递他的命令，从未踏入过百工聚集的地方。骆信君说出以上这一番话，代表的就是这个时代贵人们看百工的心态。

白原了然，但还是笑道："城主所言有理，不过侄儿还是想去看看！"

见司空家大公子如此反复要求，骆信君也没再说什么，便派了几个下吏带他去。

第三章 一生韶华换天下

引 子

公元前494年，吴越之争，越国战败。

越王牵马坠镫，尝粪问疾，实在丢尽一国君民的颜面。君王受辱，作为国家的子民又怎能无动于衷？

一个女子被带到了越王宫，"饰以罗縠，教以容步，习于土城，临于都巷"，接受严格的训练。时隔三年，昔日的浣纱女被调教成能歌善舞、婀娜迷人、风情万种的越国宫女，为复兴越国毅然决然地走进了吴王宫城。春秋抹不去浣纱女那无邪的年华，江山也挽不尽那层纱，馆娃宫、姑苏台，轻歌曼舞，沉鱼浮沙，一生韶华换天下。

吴越之间的"相怨伐"

《史记·越王勾践世家》：越王勾践，其先禹之苗裔，而夏后帝少康之庶子也。封于会稽，以奉守禹之祀。文身断发，披草莱而邑焉。后二十余世，至于允常。允常之时，与吴王阖闾战而相怨伐。允常卒，子勾践立，是为越王。

公元前497年，老越王允常死了，历史上大名鼎鼎的勾践继承了王位。吴王阖闾认为越国正值国丧期间，新王又年轻，正是找越国报仇的天赐良机。报的什么仇？为什么这个时候想起来要找越国报仇了？

说起来，由于越国比吴国还要远离中原文明圈，它的开化程度不如吴国，这就产生了一个在当时来说非常有趣的鄙视链：中原诸侯鄙视楚国，楚国鄙视吴国，吴国鄙视越国。越国弱小，常被吴国看不起和欺负。突然有一天，越国得到了一笔"天使投资"，这位财大气粗的"天使"正是楚国。

在长期的吴楚之争中，楚国经常被吴国压着打，而当时的吴国是有晋国在背后扶持的，有样学样，楚国也想在背后扶持一个吴国的敌对势力。翻开地图，吴国边上不是有一个越国吗？越国穷是穷点，但是这不正好显示投资人以小博大的作用？

于是楚越开始正式接触，楚国对越国进行了大规模的无偿经济援助和先进科学技术的传授。接受了"天使投资"的越国，开始走上快速发展的道路，闷声发大财。

越国的人能吃苦，头脑灵活，做人低调，得到了楚国的大规模投资和援助后，就等着天赐良机，好给长期欺负他们的吴国狠狠一击。吴越两国同文同种，越国自然也熟悉吴国的弱点。于是，趁吴王阖闾攻楚，吴国国内空虚之际，他们偷袭了吴国，还直扑吴国首都姑苏，要不是吴王阖闾及时结束战争回援，主基地差点就被越国给拆了。两国从此就结下了仇怨。

现在，吴国报仇的机会来了。此次伐越由吴王阖闾亲自领军，吴国三军埋葬了楚国后士气高涨，又经历了长达九年的休整，战力值达到了巅峰，在他们眼中越国只是待宰的羔羊，而这边也是越王勾践亲率大军前往阻击，双方在槜李（今浙江嘉兴市西南）相遇。

吴国大军列好阵形后，吴王阖闾远眺越军，发现越军也训练有素地排好了整齐的步兵方阵。在吴王阖闾过去的印象中，越军只是一群缺乏训练的乌合之众，打仗就喜欢搞点偷袭，从来不敢正面决战，但是今天越军排兵布阵的表现如此熟悉，活脱脱就是吴军的翻版。

要知道在吴王寿梦之前，吴越的打法都是群殴，直到打死一方为止。吴王寿梦建国之初，把各国对吴国爱搭不理的低存在感转化成了发展优势，偷偷摸摸地加强国家内部管理，专注于搞基础建设和民生工程，扩张竞争实力。吴王寿梦还将中原的先进技术和经营理念引入吴国，重用了晋国、楚国、齐国人为吴国练兵，所以军队的打法就跟以前完全不一样，开始讲究阵形并使用车战了。而越军之所以能在短期内快速升级，也是因为他们的操盘手是两个楚国人，这还要"归功于"楚国的人才选拔机制。一直以来，楚国贵族对王权的影响力很大，可以说牢牢地掌握着国家政权，国家重要职务都是"任人唯亲"。楚国对人才的不重视，使得有能力没背景的楚人只能外出谋生，恰好越国正在大肆纳贤。最终通过人才引进，越国得到了楚人文种和范蠡。

吴越两军对垒，吴军阵形整齐划一，那气势、那精神头、那口号一喊，现场就给镇住了。越王勾践一看，心想这仗没法打，一打准输。不过，毕竟是初生牛犊，虽然没信心打赢此战，新王勾践面对吴国大军都欺负到家门口了，还是表现出了极大的王者风范和勇气。

为了此战，范蠡还特地为越王勾践培训了一批不怕死的勇士，并采用灵姑浮大将提出的建议，组织有罪在身的人成立一支"敢死队"。

"敢死队"由排成三列的三百名死刑犯人组成，他们都没有长兵器，只拿着越国标志性的青铜短剑。这些死刑犯依次站好了队列向吴军走去，虽然不算太整齐，但胜在气势。

"越人这是要干什么？"吴军很是奇怪，越人手里拿着这么短的兵器，冲过来不是来找死吗？吴王阖闾看着都笑了，因为这种老掉牙的流氓打法早就被吴国淘汰了。

不过，令吴军没有想到的是，这三百个越人来到吴军阵前忽然停住，中间的一个上前一步，高喊着

"两位国君出兵作战，下臣触犯军令，在君王的队列之前丢丑，所以不敢逃避刑罚，谨自首而死"，然后拿着青铜短剑往脖子上一抹，死了。吴军看得有点发呆，显然他们不知道对方就是越国的死刑犯，但哪怕这些是必死之人，自从吴国从野蛮走向文明之后，类似的事情就再也没出现过了，只能在传说中听到。

吴国兵士惊讶于越人不把自己的命当命，而且极具戏剧性的是，在不知不觉中，两翼的吴军都忍不住往前凑，看越人如何表演集体自杀。

"越人真是变态。""太恐怖，太没有人性了，越人真是野蛮。"扎堆的吴国兵士纷纷议论着。当他们准备站回自己位置的时候，发现越军已经趁着他们观看集体自杀表演的当口杀过来了。

原来越军冲锋是不擂鼓的，杀了吴军一个手忙脚乱，措手不及，再加上刚才的自杀"表演"太刺激，吴军一时无法专心应对，于是阵形大乱。抓住吴军还在惊恐中的时机，越军立即发动总攻，吴王阖闾在混乱中被灵姑浮砍掉了右脚的大脚趾。吴军看到主帅负伤，更加方寸大乱了。战斗以越军大获全胜而告终。

撤退到七里之外的陉地后，吴王阖闾因伤势过重死了。看来，趁人国丧之机发起进攻，这种乘人之危的行为是真不会有什么好果子吃的。

吴王阖闾死后，太子夫差继位，也就是著名的吴王夫差。他提升伯嚭为太宰，还在后宫专门安排了一个人，这个人每天只需要做一件事，就是每逢吴王夫差进出后宫就问他是否忘掉了越人杀他的父亲，夫差就会回答："我不敢忘记！"就是用这个办法，夫差时时提醒自己要为父亲报仇。

吴国的强大史，就是一部复仇史。

吴王夫差二年（公元前494年），夫差要给父亲报仇了。吴越两军在会稽附近的夫椒（今浙江绍兴市西北）再次决战。这一次，吴国人没有给越国人太多反抗的机会。吴军战斗力极强，正面进攻，侧面包抄；而越军指挥不灵，根本不是吴军的对手。一仗下来，越军大将灵姑浮战死，越王勾践拼命逃回，其余士卒不是被歼，就是四处奔逃，不见踪影。

越王勾践的危机公关和复仇哲学

《吴越春秋·勾践阴谋外传》：夫兴师举兵，必且内蓄五谷，实其金银，满其府库，励其甲兵。凡此四者，必察天地之气，原于阴阳，明于孤虚，审于存亡，乃可量敌。……春种八谷，夏长而养，秋成而聚，冬畜而藏。夫天时有生而不救种，是一死也；夏长无苗，二死也；秋成无聚，三死也；冬藏无畜，四死也。虽有尧舜之德，无如之何。夫天时有生，劝者老，作者少，反气应数，不失厥理，一生也；留意省察，谨除苗秽，秽除苗盛，二生也；前时设备，物至则收，国无逋税，民无失穗，三生也；仓已封涂，除陈入新，君乐臣欢，男女及信，四生也。夫阴阳者，太阴所居之岁，留息三年，贵贱见矣。夫孤虚者，谓天门地户也。存亡者，君之道德也。

城山，越王台。

越王勾践正在发愁：要守恐怕守不了多久，下山决战又绝对是送死，或者索性投降，可是越人从不投降。怎么办？就这么熬着确实不是办法。

"投降吧。"大夫文种和范蠡建议。

文种和范蠡都不是越国人。范蠡原本是晋国范家的人，因为只是旁支，在晋国没有前途，又看到范家的架势，也知道范家没什么好结果，于是就到了楚国。但是范蠡在楚国也没有混出个模样来，又去了同样不好混的吴国。直到前几年越王招贤，他来到了越国。

原本勾践是宁可死了都不投降的人，但是他一向非常看重文种和范蠡这种国际人才，听到他们都劝他投降，勾践没有那么坚决了。

"对，投降，投降怕什么？"范蠡又对勾践进行了文明教育，讲述当年周文王从投降到崛起的故事，并总结道："不挨骂，长不大；不投降，难称王。"

终于，在文种和范蠡轮番苦口婆心的劝说下，勾践终于明白了，若投降，今后还有机会，若不投降，那么就连机会都没了。

从此以后，勾践对内苦心经营，卧薪尝胆，对吴国则一直装孙子，按照文种和范蠡的建议，先后向吴王夫差进贡葛布、甘蜜、文笥、狐皮、晋竹等，同时贿赂伯嚭等吴国重臣为他说好话，企图从内部瓦解敌人。结果吴王夫差一高兴，把越国的封地增加到了八百里；再一高兴，把越国原来的地盘全部还给了他们，越国的地盘至此超过了一千里。

可是，越王勾践再努力也只是他个人的，要复国还远远不够，而此时一个关键人物出现了，那就是计然。

计然也不是越国人，而是宋国人，同时也是晋文公的后人，晋国公子都流落在外，计然的祖辈就到了宋国。计然外讷内秀，博学多才，天文地理无所不通，但是酷爱山水，不求功名，从蔡国到越国不过是游山玩水。巧的是，他遇上了范蠡，两人一交谈，范蠡才知道这是一个真正的比自己还高的高手。

于是，范蠡就把他推荐给了越王勾践。

"我听说大王亲自种地、大王夫人亲自织布，这样称不上是什么聪明的办法，不过是做一时的榜样，遇到天灾人祸就不行了。大王应该去了解天下万物的发展规律，利用其力量就能让百姓富裕，国家强大。"计然不拐弯抹角，直接开始批评。他还说越国首先要做的事情是要有足够的粮食储备："而且用一石二十的价格向农民收买粮食，就会伤害农民的积极性，他们就不会努力种粮，农作物就没有人管理；用一石九十的价钱卖粮食给商人，商人就无利可图，就不会买卖货物。所以，粮食收购价应不低于三十，出售价不宜高过八十，这样对农民和商人都有利，最后农民的收入增加了，商人的利益增加了，国家的粮食库存也增加了。"计然继续侃侃而谈，说的都是勾践从来没有听过的道理："种地也不是傻种，要懂得利用自然规律。月亮运行每十二年为一个周期，进行周期性循环时大地万物也会随之变化，月亮处在不同的位置，就会随之出现丰收、旱灾或其他灾祸。所以，平时要有充分的准备，碰上好的收成环境，就要好好利用。古代的圣人之所以能预先做好准备，就是因为能早早预知自然界的变化……"

总结下计然的意思，其关键点就是需求决定论。要打仗就需要置办兵器，要用度就需要购置物品，需求决定了货物的存在以及价值，明白了这两者的关系，所有规律就可以看清楚了。经营要本着需求导向，逐利的过程其实就是满足需求的过程。

"从前以为有没有文化都一个样，现在看来真不一样，知识改变命运啊！"勾践在心里说，从此对中原文化有了憧憬。

计然又说起了经商："越国国土狭小，单靠种地恐怕很难富足，但是越国跟吴国和楚国交界，经商会是快速致富的办法。"范蠡瞪大了眼睛，他对经商是最有兴趣的了。计然又说了一通原理，举了几个例子。要知道"计然七策"是中国历史上著名的经商法则，他在《史记·货殖列传》中的出场虽然排在管仲之后，但以经商而言应该排在第一，可以说是中国商学的祖师爷。范蠡把计然说的都细心地记录了下来，后来运用这些原理经商，富甲一方，成为中国历史上著名的商人陶朱公。

就这样，擅长管理国家、安抚百姓的文种，善于行军打仗、设计谋划的范蠡和商学祖师爷计然，成了越王勾践最为倚重的三个人。

皋亭山的春天

《史记·货殖列传》：旱则资舟，水则资车，物之理也……以物相贸易，腐败而食之货勿留，无敢居贵。论其有余不足，则知贵贱。贵上极则反贱，贱下极则反贵。贵出如粪土，贱取如珠玉。财币欲其行如流水。

皋亭山北部的石塘村，麻雀叽叽喳喳很是活跃，被叫声吵醒的丘安①不知道自己睡了多久，房间里的光线很昏暗，几乎让人感觉不到黎明与黑夜的差别，不过这些过于聒噪的鸟儿让他判断出这是又一个清晨。与往常一样，丘安又闭上了眼睛，躺在床上听了一会儿。

越王勾践战败入吴为奴后，皋亭山的六肆各坊几乎都停了，丘安作为匠人便有时间至各国游历，学习各国先进的制玉技艺。当丘安再次返回皋亭山刮摩司三年，也就是越王自吴国归来的第十个年头，皋亭山湮灭多年的窑火又重新燃烧了起来。

这十年间，为了提高越国的凝聚力，激励人民，勾践夫妻努力地在越人面前营造与百姓同甘共苦的形象，希望能上下齐心努力，奋发图强，早日灭吴雪耻。为了提高军事力量，勾践又命范蠡重建了都城会稽。在建城

① 丘安为虚构人物。

的过程中，范蠡为了迷惑吴王夫差建了两座城，一座小城，一座大城，其中小城是建给吴国看的，而大城面对吴国的方向，不筑城墙，由无数的小村和作坊组成。比如石塘村就是皋亭城外围无数小村之一，村子不大，有五十来户人家，都是刮摩司的匠人和其家人们，另有下属和学徒们居住。攻金司、攻木司等各司从业人员也都是如此安排。为了进一步迷惑吴王夫差，范蠡又投其所好，每年都派人给他送去他最喜爱的东西，还向吴王夫差进献美女，意在消磨他的意志。

越国从政策上来讲重视农业，为了鼓励大家种地还减免了农业税。随着政策的深入，过去大量奴隶变成农奴，他们租种贵族的土地，除了将大部分的劳动成果上交给贵族，剩下的归自己支配，收成好的年份还会有些许余粮，劳动的积极性自然大大提高，加之铁制农具开始大量推广运用，农业产量上去了，剩余产品增多了，就出现了市场。

国家的一部分财政也要从商业中来，除了盐和铁等民生物资的交易，越国还开放了鱼市、米市、陶市、布市、船市等市场，国家极少干预市场运作，执行的完全是市场经济，统计商家的数量来征收营业税，着力降低通关费用，简化通关手续。

皋亭山地处浙江北面，因越国将固陵渡作为主要军事港口，大部分商业往来就集中到皋亭山了，随着时间的推移和人口的增加，皋亭山发生了巨大的变化。身为刮摩司资深匠人的丘安，见证了也参与了皋亭山大部分基础建设，如皋亭山南部渡口留出了一片水域，水域两边是城山官员与驻军营地的车马场，四周则是官署，如此布局就形成了一个静谧肃穆的集权中心，列国商贾和百姓只要接近这个地方，敬畏之心就会油然而生。

文种、范蠡制定的招商引资发展政策是一项由越国政府主导、各个社会组织广泛参与的重要工作。它面向本国以外的投资者，利用越国的交通、资源、产业等创造一个良好的营商环境，并利用商人逐利的特点制定相关优惠政策，争取投资者直接或间接到越国境内投资，以此来获得项目、资金、人才、技术、管理等国内发展所需，实现经济和国家竞争力的提高。这对当时很多在其他国家饱受"抑商"之苦的生意人来说无疑是巨大的诱惑，自由贸易简直比赚钱本身还诱人，而且商市建在城防部队隔壁，安全性也不用多说了。所以，没多久，皋亭山就成了越、楚、吴商贾们集中交易的重要中转中心，天下的富商大贾接踵而来，这儿成了越国除王城之外最繁华的大都市。和现代社会一样，越是具有开放性和人口流入多的地方，房价就越是直上云霄。商人们为了建住房和仓库开始在周边大买地皮，当地的地产价格也因此水涨船高。可以说，促成皋亭山发展的根本原因就是加强市场的建设，使货物流通，同时刺激生产，扩大市场的作用。

　　在皋亭山的百工坊里，制玉是一个重要的门类。春秋战国时期，越国的玉器工艺与青铜、髹漆、印染、织绣等工艺一样比前代有了更大的发展，无论在玉质材料的多样性与精美方面，还是在造型与纹饰的艺术性等方面都出现了崭新的面貌。特别是青铜工具和铁制工具在制玉工艺中的应用，使得琢玉技术水平显著提高，在造型、雕琢、抛光等方面工艺精进，并有很多创新突破。

　　这一时期的玉器纹饰可以分为三种类型：其一是谷纹，形似刚刚发芽的谷种，又像刚刚孵出的小蚕，因此也有学者称其为蚕纹，十分简单又充满了想象力。谷纹很常见，且多见于玉璧、玉璜等器物，往往布满器身。其二是勾云纹，这种纹饰用阴线或隐起手法雕琢而成，

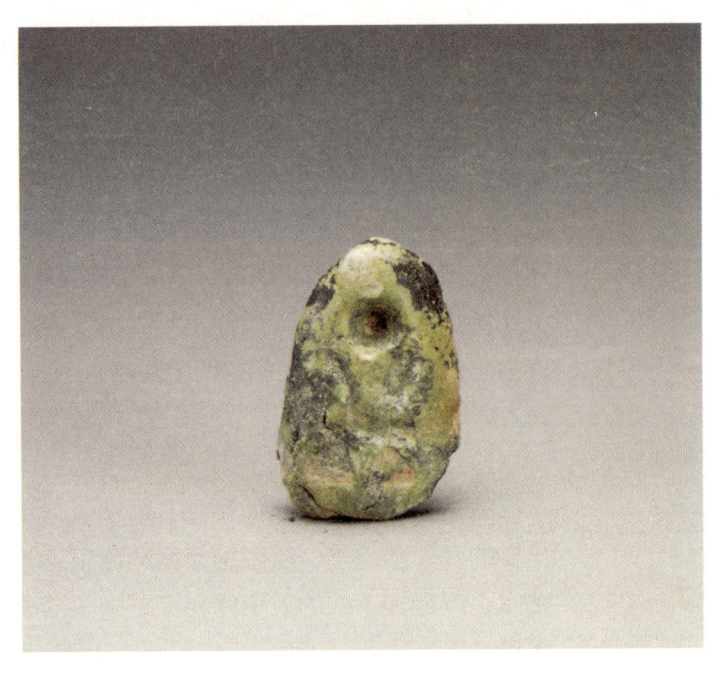

蚁鼻钱

阴线又分单阴线和双阴线，隐起的纹饰又有S形和非S形，在当时的各类器物上应用也很普遍。其三是兽面纹，多为几种纹饰组合而成，有些只是隐约可见兽面痕迹，它们常常与大量极纤细的阴线和游丝状纹饰相结合。另外，在战国玉剑饰上还时常可见隐起的蟠螭纹，其反复的凹凸变化，似在不断地蠕动，给人以神秘之感。玉器坚硬细腻，打磨光洁，器表常带有强烈的玻璃光泽。

综观各国的玉器，根据其用途大致可分为三类：其一，礼器类，如琮、璧、圭、璜等；其二，生活用具类，如梳、觿、带钩、灯等；其三，装饰、艺术品类，如环、玦、瑗、笄等各种佩饰，还有许多可作为陈设品的玉雕人物、飞禽走兽等。其中，第三类在王室和贵族使用的玉器中占有相当大的比重，有的礼器和生活器具往往也可用作装饰品，如璧、璜、觿等，这类玉器的造型、纹饰往往比较具有艺术性，且构思独特新颖，雕琢精巧。

当时作为中国历史上第一个文化高峰，各诸侯国、各阶层都对正在经历的社会大变革提出自己的看法和主张，一时间形成了百家争鸣的文化现象。中原的儒生们还把玉和礼学结合起来研究，用玉来反映礼学思想。"君子比德于玉""君子无故，玉不去身"等比拟就是将玉人格化，并赋予了它美和德两重性格。

丘安作为刮摩司的玉人，论琢玉功夫可是一绝，他掌握的技能非常多，比如绘画、雕塑、艺术鉴赏等。在丘安的多年经营下，越国刮摩司的琢玉工艺更加成熟，镂空、浮雕等手法的应用体现了越国玉器高难度的工艺水平。

常言道，徒弟找良师难，同样，师傅觅良徒也难，一个好的琢玉匠人，最大的愿望不外乎就是他做出的玉器能流传千古，这样也能提高他在玉人圈子里的影响力。而限制这些玉人发展的，其实就是玉石本身。以当时的开采能力，不管是硬玉还是软玉，数量都比较少，而极品玉石更是难得一见。丘安给官府琢出来的基本上是奉祀品，使用的倒都是顶级的玉石材料，多被官宦家和贵族们用来作为先人的陪葬，在那个时代，这就是达官显贵对玉人雕琢艺术的一种最大认可。其中礼玉渐少，佩玉增多，常见随葬玉器有琮、璜、璧、镯、环、剑饰、佩饰等，以玉璧和龙形佩饰最多。剑饰种类丰富，有剑首、剑格、剑璏、剑珌等，色泽青褐，有的双面带有深而规整的纹饰。此外还有玉带钩、玉玺以及各种葬玉。

近几年，每年越王都在各地各坊的刮摩司大量采购送给吴国的礼品，而皋亭山主要就是丘安的刮摩司，丘安为此绞尽了脑汁。据说当年先王下葬会稽木客时随葬的玉镇、龙首玉钩、玉剑就是丘安在会稽城百工坊时制作的。当然，丘安也经常接一些私人琢玉的活计，雇主也都是非富即贵之人。

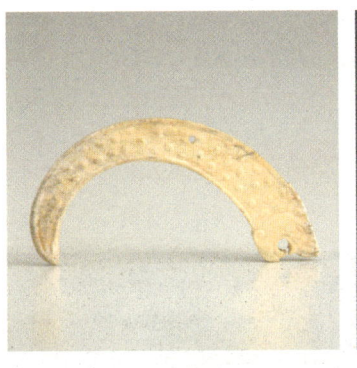

战国谷纹鸡骨白玉觿

战国鸡骨白玉龙形佩

战国圆雕瑞兽鸡骨白玉挂件

战国涡纹玉剑珌

战国勾云纹玉剑璲

战国素面玉剑格

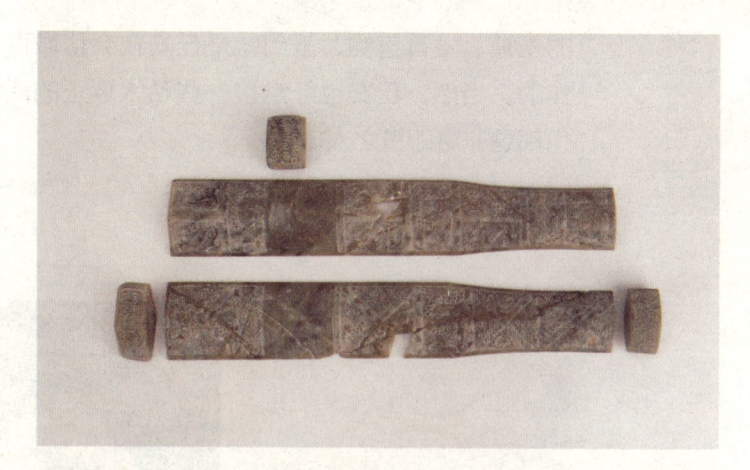

战国云龙纹玉剑饰

战国神兽纹玉剑饰

战国涡纹玉剑首

从灰姑娘到倾国美人

《墨子·亲士》：是故比干之殪，其抗也；孟贲之杀，其勇也；西施之沉，其美也；吴起之裂，其事也。

《越绝书》：西施亡吴国后复归范蠡，同泛五湖而去。

当丘安还躺在床上闭目养神的时候，他的几个学徒已经起来了，他们在村口见到城主公子的马车队过来，就赶忙去告知丘安。睡眼蒙眬的丘安在黄土泥墙后踮起脚尖向外瞧了瞧，看到一个佩着剑、相貌俊俏的年轻公子哥缓缓走到蜿蜒的青石板小路上，正是城主公子。

丘安忙走上前去向公子作揖道："不知公子到来，请恕罪。"

"不必多礼，来得匆忙未及让下人通报，司长快快随我进城罢！"年轻公子言道。

皋亭山来了风华绝代的美人，这成了这座山城这几年仅次于越王从吴国归来的重大消息。自王城传过话来，此次是范蠡大夫率领越国使团去往吴国王宫，给吴王献美人。他们经由王城北上，昨夜从固陵到了皋亭山，城主给安排了豪华的酒店，可是范蠡却选择让使团住在驿站。城主本想着，无论如何也要把当今大王的左膀右臂范大夫给伺候舒坦了才行，可没想到吃了闭门羹，只得差人从军中挑选百名守卫前往驿站负责贵客们的安全。

越国使团的队伍到了皋亭的消息不知如何传了出去，城里的纨绔子弟和富人们争相前往驿站猎奇，而此时皋亭山驿站门口的守卫比城主府还要森严，他们就把目标转向了驿站旁的酒肆，因为站在酒肆楼上能看到驿站的庭院，而美人出房就餐就要经过这庭院。山城的浪子们差点没把酒肆的门槛踏破，平时只容得下二十人的楼上，这时挤进去了不下七八十人，他们一个个伸长脖子，只为一睹美人芳容。不知道的过路人还以为是酒肆的生意异常火爆，但是在楼下拦人的老板可是心惊胆战，只听得楼板吱吱作响，好像随时都会倒塌。

这些年来，越王勾践不停地给夫差送去金银、珠玉、奇木、乐器、巧匠和美女，丘安作为皋亭城最好的玉人，又是百工坊里的一司之长，经他手的玉石奇珍不计其数，他又常年与城里那些商贾老爷和公子哥们打交道，在这皋亭城也属于吃得开的那类人。于是，丘安一早就被城主公子拉着来凑热闹了。

"听说这次的美人中有一个名叫西施的，因生于诸暨苎萝村，居东西二村中的西村，故名西施。其家境贫寒，父卖柴，母浣纱，西施亦常助母于溪中浣纱，故又被称为'浣纱女'。"公子言道。

"被选入宫前，这些女子皆为来自山村的粗鄙之材，为了让腰变得纤细整日里紧缠帛布，为了让脖子变得美要头顶水缶，还要识字读书，学习各种礼仪，稍有懈怠就会有荆杖鞭打伺候。对她们来说，要学习宫中贵人的细致之事，比下地劳动还要辛苦，白日里不得不咽泪习艺，夜间一个个就哭爹叫娘的。但西施和郑旦不同，她们不仅长得最美，学得也最快，不但不以为苦，而且对于这一方面像是有着特别的天赋和兴趣，不得不说有些女人天生就是要做美人的。她们昨晚入城，今日一早就要从码头出发去往吴境，咱们再不快点就赶不上一睹芳容了。"公子催促道。

越国这次由范蠡主持的选美，可称得上是全国性的选拔。最终胜出者会被送到会稽的"土城学院"进修，而到这才是真正的开始。入选的美人们要经历近半年的培训，在此期间苦练内功，无论是外在还是内在的修为都必须妙臻毫巅，最终经过层层考核才能决出几个优胜者。不过，越国自上次战败之后，国内一直是百废待兴、百业待举，然而从"土城学院"学成出国的美女们在培训时都是被好吃好喝伺候着的，一个个养得面若桃花肤似雪，这在当时的越国是上卿大夫们也未必享有的待遇。

原来当初勾践到吴国后，吴王夫差给越王和他的随从们安排了大量的体力劳动。勾践负责给吴王喂马，在吴王出行时替他牵马执鞭，他夫妻二人还要给夫差的老爹守陵。为了能换取早日回国的机会，年轻的勾践听取了范蠡的话，不抱怨、不还价，把吴王夫差当作神一样伺候着。就这样，越王勾践任劳任怨、踏踏实实、兢兢业业地"劳动改造"了三年。而这期间，文种大夫在另一战线上也努力着，通过找关系送钱、送美人、送礼品等方式，腐蚀着吴王的宠臣伯嚭，让其在吴王面前说了许多越王的好话。终于，在勾践主动为夫差尝粪而寻找病源的事件后，吴王夫差感动了，结合勾践为奴期间的良好表现，夫差认为勾践符合释放条件。勾践离开吴国国都姑苏时，还受到吴国君臣们的热烈欢送，他们满心认为杀父仇人已经变成了忠于自己国家的臣子。

回国之后，勾践卧薪尝胆，不忘在吴国为奴时的屈辱，一边向吴国称臣示弱，一边整军备战。因战争需要，文种和范蠡为越国量身打造了一套婚姻法，因为有足够的人口才能支撑军队的发展，为了不输在起跑线上，就要从娃娃的质量抓起，于是乎就大力鼓励国人生育。

出台的系列政策在当时的越国实在是太能收买人心了。它规定男女到了适婚年龄如果还不嫁娶，其父母就要被治罪，而如果国人将要生孩子上报公家，公家就会派医生负责照顾妇人的生产。孩子出生，是男孩，就赏两壶酒、一条狗；是女孩，就赏两壶酒、一头猪；如果生下的是双胞胎，公家提供粮食；生三胞胎，公家提供奶妈。嫡子如果死了，免其家三年的赋税；庶子如果死了，免其家三个月的赋税。孤老、寡妇、患病者、贫困无依者的孩子，公家会收养。一时间，越国境内的百姓几乎没有剩男剩女，再穷也可以使劲生。

范蠡还主持了军队的建设，他为将来与吴国的战争找来了两个武器大师，对越国的武器作坊进行了有针对性的改造；又从楚国找来了制弩高手陈音，因为之前与吴交战时，无论是陆战还是水战都吃足了吴国强弩的苦头；还找来一位女性剑术大师，据说她一人可以击杀百人，越王勾践为这女子取名"越女"。越国这边发展国力，全民习武，积聚粮食，那边还是不忘与吴国交好，给吴王送美女，给伯嚭送金银，励精图治二十年，甚至在宣传上将帝王之仇散播为国家和民众之仇。

勾践虽然利用越国百姓作为自己复仇的工具，但他确实没有拿虚的来忽悠越国的老百姓，越国百姓也正是因为在他这里得到了不少实惠而增强了与君王的凝聚力。

那么，面对这些经过调教的女子，夫差就一定会"入其彀中"吗？

事实证明，吴王对此十分受用，他为美女花了三年时间聚材，又在姑苏山用了五年时间筑了姑苏台。一个国家的财力可能并不会因此而耗尽，而媚术却会彻底掏空吴王夫差，他后来对西施产生了欲罢不能的依恋。

这才是美人计与离间计最可怕之处！

本该是思春、怀春的小姑娘以"特工"身份前去扰乱吴国宫廷，这事近期已经在越国各地引发轩然大波，皋亭自然也不例外，想那吴王夫差可是成名二十多年的王啊，是那个当年与阖闾一道灭过楚国的人。

不久，皋亭渡口——"来人，解缆升帆开船了。"

这批美人和之前来过皋亭驿站的美女们一样，由皋亭城渡口沿上塘河向吴境驶去，消失在天水之间……

第四章

风起皋亭

引　子

越国政局安稳更迭，虽然在中原人的眼里地位是一天不如一天了，不过无颛死后，其弟无疆继位，越国又一次焕发了青春。随着边境战火不断，守护会稽旧都江北之境的皋亭军屡获军功，无疆为国境安宁授意将皋亭城寨扩建成城邦，与固陵渡形成掎角之势，护卫会稽。

皋 亭

越国在勾践之后，实力直线下降，再也无法上演"三千越甲可吞吴"的复仇奇迹。在随后的战国时代里，越国的"存在感"貌似十分低，齐、楚、魏、秦各路强国逐鹿中原，似乎已经没了越国的事儿，史家们大书特书的"战国七雄"里也不见了越国的身影。仿佛这个曾经名震一时的霸主，平白无故地就在历史上消失了。

事实上，这是错觉，在战国时代早期，越国依然很强大。公元前441年，当时的越王朱勾就发起了对齐国的战争，迫使齐国不得不靠修"齐长城"来苦苦支撑。十一年后，越国大军还是攻破了齐国长城的门户"句俞之门"，又在襄平击败齐国主力，几乎是摁着齐国痛打。接下来的三十多年里，越国"吃饭睡觉打齐国"一度成了常态，特别是公元前404年的"三晋伐齐"战争，越国趁着齐国被"韩赵魏"三晋群殴的机会，也趁火打劫，迫使齐国割让建阳等领土，还让齐国送来大批男女奴仆。

后来，越王翳与齐鲁两国"会盟"时，鲁国国君还给他驾车，齐国国君更是陪侍在他身旁，声威如日中天。越王翳虽然小小地振作了一回，但终究无力回天。为何越国会衰落得如此之快？众所周知的一个原因，就是越国自战国早期起如"连续剧"一般的家族内耗。比如当年"击破齐长城"的越王朱勾,越王勾践的重孙就是靠杀死父亲越王不寿上位的。数十年后,悲剧再次发生,越王朱勾的儿子越王翳先是听信谗言杀死了三个儿子,然后又被亲儿子诸咎杀死。而诸咎死于战乱,诸咎的儿子错枝登位后又被废,接着越王翳之子无余被扶上王位,而后无余又被杀。这就是庄子叹息的"越人三世弑其君"。越国王权的崩落导致了地方势力的崛起,地方长官们眼看越王政权混乱,无不绷紧他们的神经,企图在这个即将四分五裂的国度里分得一杯羹。

皋亭城墙就是当年敌对势力入越时被毁坏的,新修筑的城墙每面长约四里,乃夯筑而成,高大巍峨。城墙四周有城门,四个转角显著突起,是为角楼。城依山而建,沿山脚展开,四周地势低平,河网密布,大小湖泊众多,浙水像一条碧绿的绸带,自东铺来,从南墙外绕过,成了皋亭城的天然护城河。城邑西北部的山麓下,沿着水系环绕着几个大小不等的村庄,每天清晨和傍晚时分站在皋亭山顶,就可见山脚各处升起的阵阵炊烟。

皋亭山仅凭这名字就能听出几分意味,是越王无彊亲自督造的军事要隘,其南可与固陵水军营地形成掎角之势,扼守住从水路来犯之敌,还可将旧都之物资往来运输,其北可借山势常年驻守陆军。

越王勾践当年之所以能由濒临亡宗灭国的边缘再次发展壮大,以至于最终称霸,除了越国实行的一系列经济政策外,军事改革的成功也不可忽略。越国实行"兵农合一",青壮年不打仗的时候务农,发展经济,一有战事发生直接就地整编入伍服役。青壮年们散而为民时,所有的兵器装备收归国家统一保管,整兵打仗时再把武器发放到人,与终日兵不离手、手不离兵的常备军不同,有效地减少了军备开支，形成了特有的临战集结和临时授兵制度。正是有了勾践做出的榜样，他的六世孙越王无疆也十分注重军事方面的布局。

此时，越国的权力中心已经迁至琅邪，而会稽作为旧都还是越国最为繁华之地，是无数年轻匠人追梦的地方。

清晨，一艘船正离会稽越来越远，旧日王都在船上众人的视线中越来越模糊。固陵码头隔着一带碧水的对岸，目之所及便是皋亭山，一切都是蒙蒙的，弥漫在雾气里，又像是睡在柔波中，白云、青山、绿树、房屋在水中的倒影，随着波纹徐徐漾开。

丘沙①身旁，隋木突然道："丘沙小友，离开了会稽，以后做事可得圆滑些，不然可能会有很多麻烦！"

丘沙点了点头说："我不惹事的！"

隋木摇头一笑："并非是怕你惹事，而是那个地方真的鱼龙混杂，即使我为抟埴司之主，在这里也得小心翼翼，生怕得罪了某些不该得罪的人。"说着，他又看向丘沙："丘沙小友，在这里并非不惹事就成，如果可以，多结交一些人会对你有很大的好处。"

丘沙点了点头，他自然明白多一个朋友的好处。

船离皋亭城邑越来越近，近到已能够看清皋亭城的模样。城池很古老，显然已经有一定的历史了。城邑规模并不是很大，但因常年驻军的缘故，人口在三千户左右。还未完全靠近，就见有无数船只进入皋亭，也有许多船从皋亭驶出，显得无比繁忙。丘沙看着这一幕，

①丘沙、隋木皆为虚构人物。

轻声道："好热闹啊！"

隋木笑着应和："城内更热闹！"

丘沙点了点头，对于眼前的皋亭有些好奇。

隋木看了一眼丘沙，笑道："丘沙小友，先去我家里如何？"

"那就打扰了。"丘沙道。

船缓缓靠岸，在岸边码头旁一个工头模样的人的呼喝声中，只见数人将船上抛出的缆绳系好，并为船上的人们搭起跳板。丘沙背起行囊随着人群由跳板下船，跟着隋木朝着不远处的城门走去。

皋亭山城门自诞生起就与水密不可分，它没有巍峨高耸的形态，却是当权者权力的象征，周围错落有致的建筑，也被划分出理想的政治和经济秩序。城内的车水马龙和人声鼎沸，上演着有关限制与开放的悲喜剧。

在隋木的带领下，一行人来到了一座府邸，府邸很大很豪华，这也正常，毕竟府邸的主人隋木是皋亭刮摩司之主。

六肆 家主

是夜傍晚，一驾略显奢华的马车从皋亭城中出发，在一队三十人的重甲骑兵护持下沿平坦开阔的驰道向西北而行，四匹骏马奔腾驰骋，八只銮铃发出锵锵的金石之声。他们的目的地是城西山脚方向的司空府，这司空府建在皋亭城西，作为几代司空辛苦打拼才积攒下来的家业，不仅在当地是座妥妥的豪宅，而且放眼整个越国也是少有的。

马车内微黄的烛光将内部照亮，这是一辆可以容下四五个人的驷马安车，但车内只坐了两个花样年华的女子。一路上二人相对无言，侍女打扮的女子一直紧紧地怀抱着一只锦盒，生怕被人夺了去似的，另一女子则身着锦衣，虽然此刻面部有些许泪痕，但那种平和、端庄、温雅的脱俗气韵，配上秀美的容貌，一看便知不同寻常。而马蹄踏出的嘚嘚声，似乎让车里人的心情更加沉重了。

另一边，越国王城司空的嫡孙白婴[①]，此时正奉家主之命站立于司空府大堂一侧，心里琢磨着莫不是家族有大事发生，这个时间怎么会有这么多长辈出现在这里？白婴是一个十六七岁的少年，圆脸，高鼻梁，眉清目秀、唇红齿白的。他头戴一冠，脑后辫发上绾，包入冠内，

[①] 白婴、白坚、白瑷皆为虚构人物。

发冠两侧有组缨下垂系于颌下用于固定，身着深衣袍服，腰间系着一方白缯大带，笔直地站着，俨然一副世家贵公子的打扮。

看门的小吏一见到车驾行至，知道这种青铜安车是越王宫里的座驾，惊得连询问都不敢，只是低头伸手接过了马缰，眼角余光看见甲骑首领带着两位女子往大堂里去。

"尊祖，怎的是您在迎接？"锦衣女子满脸惊讶。

白家四世同堂，白坚是白家的家主，他笑容可掬，清瘦且布满皱纹的脸上显出那炯炯有神的眼睛。锦衣女子是白坚的重孙辈，见了白坚自然是要喊一声"尊祖"的。

此时，一旁的白婴上前一步向女子作揖道："大姐。"

锦衣女子抬眼一扫，只见厅堂布置得很是豪华，白发苍苍的白坚正跪坐在木案几后面，周围的案几旁也都坐满了人。

白坚道："诸位，且安坐！"然后指着自己身边的空位，又道："瑗儿，你也坐下吧！"

白坚环视一周，见白家族人都到齐了，这才开口道："今儿招呼大家过来，是有两件事要议一议！"众人顿时集中起精神来洗耳恭听。白坚继续道："诸位，我王本欲乘齐国田和、田溪两系内斗，人心不齐，北伐齐国，但近日齐王派使者进见我王以求避战，还进献宝物无数。"

白坚所说的事情，自有其前因后果。

话说公元前325年，秦、韩、魏、齐、楚五国争相称王，这件事对年纪尚幼的越王无彊有很大的触动：凭什么你们这些立国不足百年的韩国、魏国就敢称王，而我们大禹的直系大越国就只能偏居一隅？尤其是无彊登基的时候，很是志向高远，一心想要恢复祖上勾践时期的辉煌荣光。就在这种对外愤愤不平和对内迷之自信的情绪下，无彊终于按捺不住想要前往中原腹地炫耀一下武功、称王称霸的野心。不过，无彊虽是个天真的人，但并没有天真到愚蠢的地步，他很清楚中原诸国看不上越国，贸然领军北上走一圈，会引起各国围攻，这双拳难敌四手的道理他还是懂的，再如何英雄了得的人也怕被群殴啊！所以，无彊又找上了老盟友楚国。当时，楚国是楚怀王当政，楚怀王大家都知道，是一个又刚又硬又爱搞事情的人，支持和破坏屈原改革的是他，五国合纵也是他搞出来的。当时五国相王，最先自立为王的就是楚国和秦国，之后韩、魏两国也想拉着齐国相王，楚国就打心眼里不乐意，但是楚怀王又没办法，自己手上的军队全在防备和攻打秦、韩、魏，没有力量去齐国搞事情。没想到在这个节骨眼上，小老弟越国送上门来了。当楚怀王听到无彊派人来说要北上搞搞事情，他可来劲了，立刻就和无彊定计——你越国要搞事情，就直接北上搞齐国，越国都没称王，齐国就抢先称王了，你不揍他揍谁？而且你放心，你一出兵，我也出兵和你一起去揍他。无彊一听，心里乐开了花，当即召集军队北上。

齐国当时正处于齐宣王的统治下，而齐宣王不是一般的无能，所以无彊只用了五万杀气腾腾的越国精锐，很快就打得齐国没有招架之力。于是，齐国只能派人前去游说。使者告诉无彊，你打齐国，一点好处都得不到，因为你打赢了也占据不了齐国的国土，而且你看看地图，越国的国土已经够狭长了，加上齐国的国土，你以后怎么防守？相反，楚国才是你该攻击的目标。首先，他虽然是你的盟友，但是你独自来攻打齐国，这是楚怀王背叛你的行为；其次，你要是灭了楚国，整个南方就都是你的，你要称王称霸没人敢不服；最后，楚国的军队都被秦国和韩、魏牵制在北方，你这时候去攻打楚国必定可以长驱直入。事实上，越王无疆的主要战略还是联魏制齐、楚，他看似是一个贤君，实际上却是一个喜怒无常之人，身边总有治世之臣与乱世弄臣环绕。这次事件，无疆本来就对楚怀王背盟感到气愤，齐国使者一番说辞立刻就入了他的心。

主位上，白坚又说了一些国际局势，继续道："齐国不仅损失了千乘粮草，更是损兵折将……"

扑哧一声，白婴侧头循声，坐在白瑗后侧的甲骑首领急忙抑住笑意说道："家主，诸位大父、叔伯、兄弟，刚才在下想到了一件趣事！"甲骑首领边说边不时捂着嘴，嘿嘿笑个不停："咱们这次伐齐呀，要说气势也是有的，做事却随性了些，为了一个阵前自刎的雍门子狄，君上就弃战了，现在听了齐使的游说，怕是更想要休战呢！"

甲骑首领说的这件事确实是真的。越国甲兵入齐，雍门子狄请齐王让他自杀，因为越甲惊吓到了国君，自己应当以身殉之，遂自刎而死。

此时的白婴因为大姐回来有些走神了，白坚接下来的话语，他也没有听清楚具体说了什么，只是听到："我白家本是越国旺族，先祖一生勤勉才算是在越国扎下了根……"

白坚眼神中的兴奋之意越来越浓："我白家放弃了会稽祖业，放弃了身为君王内侍的机会，屈膝到皋亭，携六司将皋亭重新营建成一座新的城邑……本次齐国献来大批青铜、皮料、玉石，需六司协同料理！"说着说着，眼眶竟有些红了。白婴一愣，没想到今日白坚竟如此激动，余者听闻辈分最高的家主这样说了，也纷纷开口道："家主放心，吾等听家主的！"

见到一家人都表态要支持，白坚顿时笑了，又开口道："此是其一，吾等要正视，督促下属众匠人不可乱来！"随即又忽然严肃起来："召大家过来，还有一事。为了越国霸业，君上出于制衡楚国的考量，之前特别交

水晶矿石

待城主制作一件特殊器物，是可与楚人卞和之宝玉相媲美的佳物，作为献于楚王的礼物。白瑷现将其带来了。"

"尊祖……"白瑷脸上露出为难之色，但还是将身旁的锦盒取出并打开，露出一方如孩童手臂般粗细的水碧。水碧指水晶一类的矿物，又名碧玉。其通体晶莹简洁，略带淡琥珀色，中部和底部有些微海绵状絮悬浮其中，在烛光下折射出的光线交错幻化，如琉璃的光影。众人惊呼，如此完整、巨大的水碧，六司无人见过，还要挖空并抛光打磨，在刮摩司家主看来实在是一件不容易的事。

这方水碧不简单

作为在春秋五霸、战国七雄中都占有一席之地的齐国，不管是姜齐还是田齐，国力一直都十分强盛，从姜齐时代开始，齐国就把商业作为国家战略并因此崛起，一跃成为中原霸主。商业的带动使制陶、制作漆器、纺织、冶金、铸镜、制车等手工业也十分发达，当时的齐都临淄由此成为最著名的三大都市之首。《战国策·齐策一》记载了当时的齐都盛景："临淄之途，车毂击，人肩摩，连衽成帷，举袂成幕，挥汗成雨。家敦而富，志高而扬。"

由于齐国盛产水晶，趾高气扬的齐人就发展出了一套驾驭水晶这种硬度极高的材料的工艺，并使佩戴水晶组佩成为一种全新的装饰形式。他们仿佛是决意要与西周以来中原程式化且暮气沉沉的贵族风范决裂似的，去掉了中原贵族组佩中必备的主题——玉璜，甚至干脆不用玉而全部以水晶、玛瑙代替。齐人也不喜欢西周杂佩中那些富有情趣的小兔子、小蚕蛹等动物玉件，而是以水晶环、水晶竹节形管、玛瑙竹节形管、玛瑙虎头珩、玛瑙觿这些抽象的形象代替。

齐国人的水晶组佩多为腰佩，由最大的水晶环作为擎领，悬挂多列由白、紫色水晶的珠管穿成的珠串，形制上有水晶环、多面体水晶珠、长方形水晶管、圆形紫水晶管和圆形紫水晶珠等，穿缀形式简洁，整体光气硬朗，色彩冷峻。齐国的贵族和富商等都把这种佩饰悬挂在腰上，步履行进中发出清脆的声音。这种水晶串饰，可以说在当时是独树一帜的，其精致美丽丝毫不逊于中原地区的玉组佩。

白瑗带来的水碧也正是齐人送来的。

"尊祖，这是挑衅！"白婴叫道。

"哦？为什么这么说？"白坚看向他问道。

"尊祖，如果齐人送来的是玉石、玛瑙等物尚可理解，当知我越国远古先人善于琢玉。先人采用'以柔克刚'的办法，用木片、竹片和绳子带动硬度高于玉的解玉砂，再用水研磨，使玉器成型，又利用兽毛皮在玉器上面不断地来回摩擦，直到表面平滑光亮。且自我越国设百工坊六司以来，刮摩司主要为君上制作礼器，如琮、璧、圭、璜等；装饰品，如环、玦、瑗、筓及各种佩饰；内宫器物，如梳、觽、带钩、灯等；还有供君上观赏的玉雕人物、飞禽走兽等。而水碧制作得不多，而且以小佩饰为主。齐国送君上这么大一方碧玉，是在欺我越国六司无人能驭之。"白婴将越人驾驭器物的优劣陈说一通。

"白婴所言极是。尊祖，这方碧玉必用来制作一些礼器方可显我王神威。"刮摩司主事言道，"自良渚先人以来，我越国玉人事玉千年有余，此方碧玉依我之见可做一方玉琮。"

第四章 风起皋亭

战国勾云纹青玉璧 　　　　　　战国卧蚕纹青玉璧

战国勾云纹齿边玉璧 　　　　　　战国卧蚕纹齿边玉璧

战国谷纹玉珩

战国玛瑙环

战国玛瑙环

战国绞丝纹玉环

战国谷纹玉管

战国透雕双龙纹玉饰

第四章 风起皋亭

战国龙形玉佩

战国勾云纹玉管　战国透雕兽面纹鸡骨白玉挂件

战国透雕双龙纹鸡骨白玉饰件

战国蜻蜓眼琉璃挂件 　　　　　战国勾云纹玉带钩

战国蜻蜓眼琉璃珠

战国玛瑙串珠

丘沙的机会

第四章　风起皋亭

"琮",始见于《周礼》等古籍,其与玉璧、玉圭、玉璋、玉璜、玉琥一起被统称为"六器",即古人谓之"六瑞",是重要的礼器。其形以《周礼·考工记·玉人》所释:"大琮十有二寸,射四寸,厚寸。"郑玄补注《周礼》时说:"琮,八方象地。"《白虎通·文质篇》曰:"圆中牙身玄外曰琮。"南唐徐锴释琮时讲:"状若八角而中圆。"

而根据目前的考古发现来看,玉琮是一种内圆外方的筒形玉器,它的形制可分为两种类型——长形(柱形)和短形(镯式)。长形玉琮,中央为一圆筒,外侧边缘有四个(或更多)等距的长方形凸起,这种玉琮大多上大下小,且有极长者。依据外侧边缘凸起的形状,又可进一步将长形玉琮区分为三个样式:一种是长方凸起呈向外微弯的弧形,习惯称之为"内外皆圆",但是这种说法并不准确,因其外侧凸起彼此之间不直接相连,而是有较宽的凹槽;一种是长方凸起呈外折的钝角,折角的角度相差悬殊,有几乎达一百六十度者,也有接近九十度的;还有一种是长方凸起呈外折的直角(或近似直角),一般习惯称之为"内圆外方",因凸起之四直角并不连接在一起,这种说法同样也不准确。短形玉琮,中央部位也是一个圆筒，外侧为四个平面相接而成之方柱形，是名副其实的"内圆外方"。以地域而论，南方较为流行长形玉琮。

白婴不同意刮摩司主事要用齐国送来的水碧做一方琮的想法，直接道出了"不可"二字，话音刚落，所有人都奇怪地望向他。在众人的注视下，他缓缓言道："如

良渚玉琮

商周玉琮

果用我们擅长的手法治此水碧，必然会让齐国人认为我们也不过如此而已。尊祖，其实这一方水碧代表的是两国工匠的战争。"众人听到这里顿时都陷入了沉思，白婴继续说："尊祖，我认为应攻彼之长，才是能让我君上立威、让齐人出丑的上策。"

白坚听完这番话，言道："话虽如此，但自越国成立六司以来，刮摩司一直长于玉石，而水碧远比我越国所产玉石坚硬，况且这么大的水碧也没有人摆弄过。"刮摩司主事也附和道："以现有的匠人和技法，我们还没有办法将其做成更为惊世的宝物。"

"尊祖，难道你忘了大遮山下苕溪之畔的丘姓少年？"白婴道。

白坚一拍大腿："白婴所言极是，他也许是我们的最佳人选。但他不是数年前去会稽研习新艺了吗？一时到哪里寻去？"

白婴笑道："尊祖莫急，刚收到了消息，隋木叔已经回来了，带回来的正是那位丘姓少年。"

城主府中观沧海

在这片越人的土地上,江风吹起的水浪击打着石头,一位青年安静地望着远方,眼神有些许迷茫,却又充满坚毅。这个青年在寻找机会,而机会也总是毫不吝啬地来到他的身旁。

一年多前,丘沙接下了白婴的任务,并说好于今日将制作好的水碧器物进献给城主①。

正午,城主府。丘沙只是随意找了些人打听,便顺利找到了此处。

只见一辆马车停在门口,白婴不知何时已经从车上下来了,走到丘沙的身旁,望着这满城百姓,悠悠叹道:"旻天疾威,天笃降丧。瘨我饥馑,民卒流亡。我居圉卒荒。天降罪罟,蟊贼内讧。昏椓靡共,溃溃回遹,实靖夷我邦。"

丘沙忍不住转头看了白婴一眼,见他满目萧然、感极而悲,有着一种去国怀乡的零落之感、孤蓬万里的身世之悲,不过这种神情在他脸上也只是一掠而过,转瞬即逝。

① 城主为虚构人物。

门口一位裨将似是等待了多时，丘、白二人才出现，他就快步迎了上去，行了一礼，然后就领着二人走进了府邸。

这皋亭的城主府虽比不上会稽的贵族府邸，但也称得上富丽堂皇。迈进大门，入口便是一处宽阔的园林，春风方至却已是生机盎然。穿过院子，又走了百十来步的样子，便到了一处守藏室。那裨将侧着身子，请丘沙、白婴二人入内。

守藏室相当于现在的政协，负责管百工和纳谏言，也是记录、编译、收藏典籍的地方。皋亭城城主作为越王宠臣，他的守藏室自然不会小。屋内的几案通体漆黑，上有朱漆彩绘回纹，四角各一足，亦通体漆黑，各足透雕两组相对称的卷云纹，顶端用凸榫插入案身卯内。几案上工工整整地摆放着名贵的典籍，但是上面却有些许灰尘，似乎主人已经许久未翻阅过它们了。或许，主人原本就不常用到它们，至少丘沙是这么认为的。

此刻城主正坐在一旁的一张矮榻上，手捧着一个做工精细的龙纹玉璧，并不时从桌上拿一颗葡萄大小的青果放入口中。每一颗青果入口，他都会闭目一阵细嚼，神情陶醉，就像是在品味这世间最美味的食物一般。

对于丘沙、白婴二人的到来，城主丝毫不感到意外，只是将手中之物有些不舍地放到了身边的案台之上，一脸笑意冲着丘沙招手，示意他过来，然后坐到了矮榻的另一侧。而白婴则提一锦盒，很乖巧地立于一旁。

"禀报城主，我等制成的水碧都在这儿了。"白婴说。

"嗯。"城主点头，"既然如此，那便打开，让我

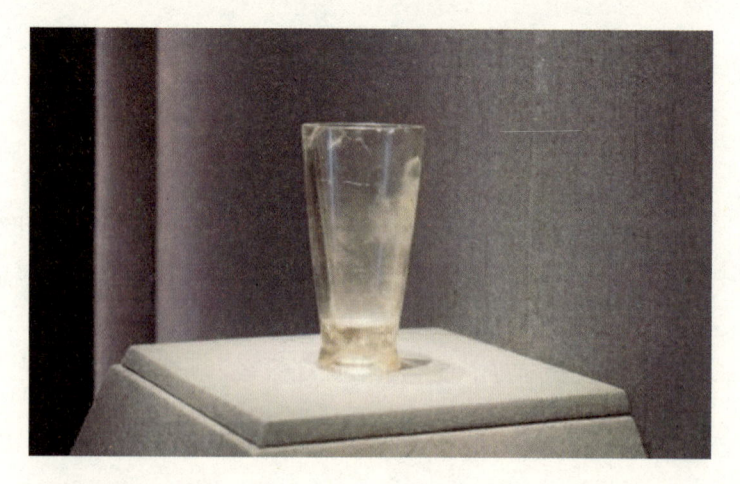

战国水晶杯

战国水晶杯

看看吧。"

"诺。"白婴轻步上前，放下锦盒，将锦布掀起。

几乎在一瞬间，珠玉宝气冲室而起，晶莹剔透的水碧倒映着正午时分由窗外射入的炫目日光，璀璨的光华，哪怕相隔百米都依旧能够感受得到。城主立马被这珠玉之气所吸引，眼朝着那光芒最璀璨之处望去。说来也奇怪，此时虽正值夏日，但是水碧天然的凉意却在室内纠缠蔓延，仿佛深秋寒冷的湖水轻涌，凉意透心。

当然，更让人震撼的，绝非这些水碧本身，而是那傲立环、玦、瑗、珥、笄的两只杯子，这可是水碧做成的杯子啊！城主活了这么多年，也是第一次见到这种形制的水碧杯子。其杯高15.4厘米，底径5.4厘米，口径7.8厘米，敞口平唇，斜长直壁，深腹，圆底，圈足外撇。

"这，这，这不可能，是如何取芯的呢？我见过无数齐国珍品，都是些环、玦等配饰，这么大的水碧杯如何能制造得出来？"城主惊讶地发问。

事实上，这一时期成本低、韧性及耐磨性强的铁制工具几乎完全取代了石制工具，铁器的大量使用，使得社会经济发展迅速，玉器加工技术较之远古先人也有了极大的提高，出现了全新的局面。譬如战国的环形片状玉器几乎都琢有纹饰，又比如开片规则、形状准确、钻孔标准、饰纹华丽也是战国玉器制造中极容易做到的事，如果不能做到，也绝不是因为工具方面的障碍，而是匠人的技术及熟练程度不够的原因。

其后几千年间，玉器的加工一直处于利用铁制工具的状态，但每一个时期的具体加工技法又不尽相同。总体上看，玉器生产规模不断扩大、技术不断改进的过程，反映了当时的匠人顺应了新时代的到来，从而解放出新的生产力。

丘沙笑道："我族祖先千年前生活于城西大遮山下苕溪之畔，常年事玉，是为琢玉人，他们为当时的族长和贵族们制作各种玉器，于是小民也自幼潜心事玉。制作此物，结合了中原各国的攻玉之法，再用秘法完成掏膛。"丘沙接着详细说起了制作水碧杯的工艺："先将水碧固定，用细铁丝加砂和水在玉料上反复拉磨，并使锯缝沿着预先画出的墨线前进，将玉料锯裂，完成开料；然后使碧玉初步成杯形；再运用先祖所传琢玉之法，用较大的管钻入杯体，随后将钻心击断取出，并将断口处琢平；最后，施以多种琢玉器具组合，不断修正，琢成圆形杯膛。"

管钻方法示意图

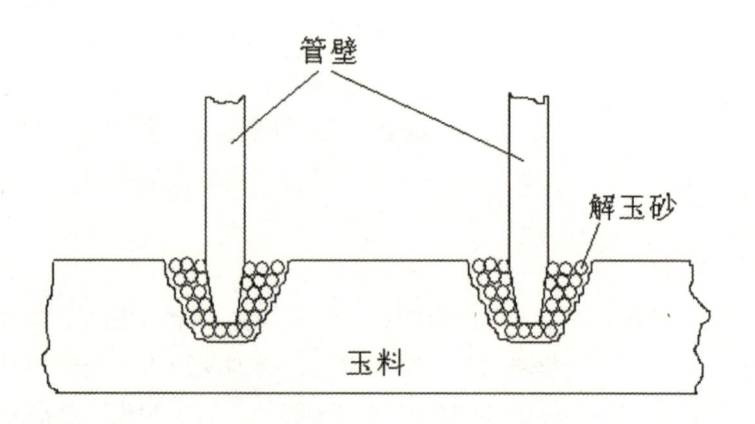

管钻剖面示意图

第四章 风起皋亭

管钻玉芯（良渚文化
余杭吴家埠遗址采集）

开料方法示意图

玉石器管钻痕迹（良渚文化　余杭吴家埠遗址采集）

"原来如此！水碧如此坚硬，却能管钻掏膛，实在令人惊叹，且此杯上宽下窄，制作更是难上加难，还打磨得如此光洁平整。但既有如此妙法，为何只将此方水碧做成水碧杯呢？"城主不解道。

"酒杯为酒宴之物，国与国之间的酒宴或豪情壮志，或杀机四伏，或荡气回肠，或奇幻旖旎，举杯即见，推杯换盏之间风云变幻；此即为制作酒杯的原因。同时，齐人擅攻水碧，但都是以环、玦、瑷、珥、笄为主，无法超越其法。"丘沙接着言道，"城主可知，当年齐人晏子二桃杀三士的故事？"

"当年，公孙接、田开疆、古冶子三人是齐景公的臣子，勇武骄横。齐相晏婴想要除掉他们，便请齐景公以两个桃子赐予这三人，让其论功取桃。公孙接与田开疆都报出了他们自己的功绩，并各拿了一个桃子，而古冶子认为自己功劳更大，气得拔剑指责他们。公孙接与田开疆自觉确实不如古冶子的功劳大，便羞愧地将桃子让出并自尽了。此时，古冶子也对先前羞辱别人、吹捧自己和让别人为自己牺牲的丑态感到羞耻，因此也拔剑自刎了。就这样，只靠着两个桃子，晏子轻易地去掉了朝中的三个威胁。"

"其实小民认为这个故事最打动人的，是三位勇士的'君子之风'。晏子利用三人恃才傲物的弱点离间人心，让他们相互争功，从而削弱他们对君王的威胁，不承想他们竟有如此君子风度，竟会舍生取义。晏子和齐王为稳定朝野，杀掉了三位大义将才，所以之后听到这个故事的人们都有悲切之意。那么，水碧杯在展示我越国琢玉之能外，还可取笑齐王借酒宴杀三士，这便是小民用齐国水碧制作这两只水碧杯的缘由。"丘沙说。

第五章 乱世战国路

引 子

　　三家分晋，拉开了一个铁血时代的序幕。战国，本质上就是一个列国"斗狠"的"养蛊"进程。空气中弥漫着浓重的血腥之味，各国的生存资源又被限制在东亚极为特殊的半封闭地缘环境内，生产力极为有限。于是，各国不约而同地进行法家改革，力求最大限度地对内压榨本国民力，对外破坏他国国力，以图生存和扩张。

　　似是一场绝地求生的游戏，各国玩家之间相互设计、相互利用、相互残杀，只有一位玩家可以活到最后。

越国因人而兴，亦因人而衰

《史记·越王勾践世家》：勾践卒，子王鼫与立。王鼫与卒，子王不寿立。王不寿卒，子王翁立。王翁卒，子王翳立。王翳卒，子王之侯立。王之侯卒，子王无彊立。

《庄子》：越人三世弑其君，王子搜患之，逃乎丹穴。而越国无君，求王子搜不得，从之丹穴。

春秋时代，为了建立齐国霸业，齐桓公听取管仲之法，跟秦、晋、楚等雄踞一方的强国搞差异化，祭出"尊王攘夷"的旗号，以奉周天子为尊，抵御戎狄等部落的袭扰而成为盟主。虽然春秋时代的诸侯国眼里大多没有什么周天子，但表面规矩大家还是讲究的，还是要把尊王的礼仪拿出来做做样子，不然会被世人的口水淹死。"尊王攘夷"的借口让齐国得到了快速发展，后来甚至连打人的理由也拿周天子来说事。比如，齐桓公率领各国联军对抗楚国，理由竟是说楚国没规矩，未给周天子进贡。直到三家分晋，才彻底把上下尊卑的规矩给打破了，此时名义上的老大——周天子已经毫无权威，凡事只讲拳头而不讲道理。

战国初期，仍有不少中小国家，例如老牌诸侯国鲁、卫、宋，或是边疆民族建立的国家越、中山、巴、蜀；甚至是一些有功之臣的私有土地也可成为一个国家，其中的代表有战国四公子孟尝君的领地薛国和商鞅因改革有功而获得的封地。这些名不见经传的国家，有些实力不容小觑，比如越国就曾屡败楚国和齐国。所以说，战国初期的天下大势其实还尚未明朗，闻名后世的战国七雄更是尚未成形。

"有志者，事竟成，破釜沉舟，百二秦关终属楚；苦心人，天不负，卧薪尝胆，三千越甲可吞吴。"这是一副脍炙人口的对联，上联是描写楚霸王项羽的英雄盖世、勇冠三军，下联则是形容越王勾践的忍辱负重、灭吴称霸。

勾践卧薪尝胆称霸中原后，将国都迁到了距离中原更近的琅邪，使越国得到了更进一步的发展，当时的越国"越兵横行于江、淮东，诸侯毕贺，号称霸王"。

然而勾践去世后，越国的发展速度开始呈下降的趋势，实力也逐渐下滑，但此时尽管齐楚相继崛起，再加上老牌强国晋国，越国还是能够做到四强之一，《墨子》就说道："今天下好战之国，齐、晋、楚、越……今以并国之故，四分天下而有之。"强大的越国还一度让尚未完全崛起的齐国忌惮，如在越国的攻势之下，齐国周边的小国一点点被越国吞并，又如在三晋伐齐的过程中，越国也起到了相当大的作用。所以综合来说，越国在战国初期虽然实力下降，但依然是强国之一。

但是，对人才的态度却成了影响越国国运的一个隐患。

众所周知，春秋战国什么最贵？当然是人才啊！客卿制度就是春秋战国这段乱世针对人才的特定产物，基本特征是"主卖官爵，臣卖智力"，就像是现代企业招人，企业有合适的岗位和薪酬，人才有相对应的能力和要求。比如，秦穆公发表了《秦誓》，其中就框定了春秋时期秦国的用人标准：一要有德，忠于国君、爱护百姓；二要有才，学识渊博、可堪国用；三要勇于直谏，敢于对君主的不当言行匡正规谏。

但是，有些国家对于人才的搜索范围是有局限性的，大家都是上层社会的"文明人"，招揽的人才自然也是这类人。楚国重用贵族，排挤贤人，令那些有能力没背景的人才外流到了晋国，结果两国之间发生战争时，其中不少人就成为反戈一击的中坚力量，帮助晋国战胜了楚国，这也是"楚才晋用"这个成语的由来。而秦穆公和他们不同，他有着自己独特的"挖人理念"——有才无类，来者不拒。也就是说，就算你是一个低贱的奴隶，只要你有才，我也愿意聘用你。历史上著名的"五羖大夫"百里奚就是秦穆公从奴隶堆中挖来的人才，这也奠定了秦穆公称霸西戎的基础。

其实不只是楚、晋、秦三国如此，其他各诸侯国也是这样，大家在争土地、人口的同时，也在争夺人才。

进入战国时期，客卿制度发展得更加成熟，招聘和任用人才更加灵活，客卿所担任的官职也变得越来越大，诸如张仪、苏秦这些人都是身佩多国相印的大人物，文种、范蠡、商鞅、李斯这些人也都是能直接影响国家大政方针的政坛明星。可见，人才对一个国家的强大至关重要，魏文侯因为人才奠定了魏国的百年霸业，越王勾践同样也是因为人才而吞并吴国，雄踞东南。

然而，越王勾践却是个可以共患难、不能同富贵之人。霸业建立后，狡兔死，走狗烹，勾践逼死文种，范蠡出走，他因此背负了一个害贤的骂名，自此列国豪杰不敢赴越。进入战国时代，不难想象，越国又回到了人才匮乏的境地。

战国斗地主

《史记·越王勾践世家》：于是越遂释齐而伐楚，楚威王兴兵而伐之，大败越，杀王无彊，尽取故吴地至浙江，北破齐于徐州。而越以此散，诸族子争立，或为王，或为君，滨于江南海上，服朝于楚。

如果说战国时代是以背叛、霸凌和破坏规矩作为开端的，那用一个字就可以定调这个时代的氛围，就是"乱"。

进入这场求生游戏后，各诸侯国已经逐渐改革，加强王权。而灭吴之后，勾践关于改革的思维却依然停留在春秋时期，开始开历史的倒车，大力推广分封制。《越绝书·记吴地传》记载，越王仅在吴地就分封了宋王、摇王、荆王、干王、烈王、襄王、越王史、周宋君、余复君、上舍君等诸侯，等于将权力分散了，而越国落后的管理制度又无法限制这些诸侯的权力。战国时期，当兼并战争愈演愈烈，越国反而主动献出过去侵占的土地，丧失了威胁中原的资本。同时，越国还在做着春秋霸主们所做的那些事情：比如北上和齐、鲁会盟；比如带信给周王室，让周王室提高国君的爵位；比如去平定卫国、鲁国的内乱；比如干涉邾国的内政；等等。其实，战国时期游戏的关键，并不是能争霸，而是应该学习魏文侯、秦孝公那样变法图强，而越国显然没有跟上战国的时代趋势。

就在越王不寿称王满十年的时候，儿子朱勾杀死了自己的父亲，篡位登基。这既是越国第一次弑君事件，也为后世的越人弑君开了一个不好的头。诸咎当太子时有样学样，也包围王宫将其父越王翳残忍杀害。越国重臣寺区的弟弟将越王无余杀害，转而辅佐无颛为越王。三次弑君导致越国内部战乱不断，越国的实力因此被逐步消耗掉了，这几次事件又进一步在一定程度上使越国的凝聚力大打折扣，为它接下来的覆灭埋下了伏笔。

在中原各国的崛起和扩张之下，越国节节败退，不断收缩势力范围，直到越王无颛继位，局势才算稳定下来。在无颛的治理下，国力慢慢得到了恢复。可能是为了消除吴人对政权的影响，或是与寺区家族有什么关联，越王无颛将国都又迁回了会稽。然而，他不久也去世了，其弟无彊即位。

面对越国的衰落局面，越王无彊血液中先祖英武的基因开始被一点点唤醒。经过数十年励精图治，越国似乎又重新强大起来，越王无彊也觉得，是时候恢复大越王国的荣光了，也想要加入战国抢地盘游戏。

西边的大地主秦国暂时花光了筹码，正无所事事，他的对家韩、魏两个农民只能陪着一起无聊。再看北边的燕、赵、齐三国，燕、赵正在积极囤积好牌，所以大地主齐国就能一心二用，被楚、越两国拉去斗地主。

公元前 306 年，越王无彊欲效法列国征服中原，于是在楚怀王的怂恿下率军攻打齐国。而此时的齐国还没有进行改革，其实是战国里面较弱的。齐国被打败了，便遣使求和，齐使趁机劝说越王无彊：您在这跟我们死磕，不是明智之举，现在楚国正分兵与秦、韩、魏大战，楚国主力都在曲沃、於中，景翠的大军正在鲁齐边境和南阳，现在楚国的军队如此分散，正是我们两家一起攻楚的好时机啊！

不知道无彊是耳根子软还是真的不明白，居然听信了齐国使者的说辞，转头攻楚。然而，无彊一心想着恢复霸业，却一直不得其法，他不知道越国此次的重新强大已经是回光返照了。而楚国此时经过吴起变法和威王改革，正值国力最为强盛的时期。

其实楚国也早就下定决心要拔掉越国这根钉子，一劳永逸地解除身边这个后顾之忧，因为之前越王无彊执行远交近攻的政策，曾主动派使者将越国战船三百艘、箭羽五万余支送给魏国，以支援不善水战的魏军对抗楚国。

而且，令越王意想不到的是，齐使对他讲的这些话同时也是对楚王讲的。

本来在秦、楚蓝田之战的时候，楚国因齐国的小私心被秦国打得满地找牙，赔了汉中、召陵不说，派去宋国送信的宋遗也被齐宣王扣下做了客卿。因此，此时楚怀王对五年前齐宣王贻误战机在先、反戈攻楚在后是心存不满的，虽然后者只是做做样子，但秦、韩、魏三国也狠狠地割走了楚国很大一片土地，导致楚国元气大伤，到现在还没恢复过来。宋遗在齐国这几年似乎口齿伶俐了很多，他告诉楚怀王现在秦国内乱，赵国勤修内政，韩、魏休养生息，齐王愿与楚王共分越国。

公元前 307 年，秦武王举龙文赤鼎，结果被砸断胫骨而亡，秦国发生内乱而无暇对楚用兵，越国大军又正好送上门，楚王一直等待的攻灭越国的机会终于来了。

于是，楚越边境，齐越联军旌旗猎猎。楚国军队沉默不语。越军动了，可奇怪的是楚军全军都在往越军的一侧运动。无彊看着楚军奇怪的阵形，还没等反应过来，侧翼的齐军竟然阵形突变。无彊脸色骤变，越军在齐楚两军的夹击下瞬间溃败，越国士兵看着"友军"大喊着杀向自己，临死也没搞清楚状况。

越国军队溃散之后，楚军似乎并没有停手的打算，顺势杀向齐军，而刚杀完越军的齐国士兵们和越军一样做了糊涂鬼。

此战，楚怀王一脸兴奋甩手打出两个王炸，炸得越国毫无还手之力，紧接着一套顺子接一个王炸，炸飞了齐国军队，完爆对方，大比分获胜。

打败齐越联军之后，楚怀王又乘胜追击，把越国势力打散，并吞并了越国，成为一个令人恐惧的巨无霸。齐国徒劳无功，损兵折将，气得齐宣王摔碎了好几个玉石酒杯。

而越王无彊，估计在死前半个时辰才搞清楚，这场牌局，原来牌最烂的是自己。这回，他真的名副其实了，无彊无彊，没有疆土是也。

古代用间的"黄金年代"

《左传》：齐侯使连称、管至父戍葵丘，瓜时而往，曰："及瓜而代。"期戍，公问不至。请代，弗许。故谋作乱。僖公之母弟曰夷仲年，生公孙无知，有宠于僖公，衣服礼秩如適。襄公绌之。二人因之以作乱。连称有从妹在公宫，无宠，使间公。曰："捷，吾以汝为夫人。"

《孙子兵法》：故三军之事莫亲于间，赏莫厚于间，事莫密于间。

间谍这个行业的历史是相当悠久的，古代间谍的起源如今已经难加详考，但从现有的典籍资料来看，我国最早的间谍活动应该出现在夏朝。

春秋战国时期是中国古代间谍活动的高峰，频繁的诸侯争霸和兼并战争为间谍提供了广阔的发挥空间，不仅成就了一些知名的间谍，还造就了部分善于利用间谍的军事将领。间谍理论的雏形也形成于这一时期，并对后世的间谍活动产生了深远影响，甚至至今仍有启示作用和借鉴意义。

当时，除了为政治服务的军事间谍之外，还集中出现了一批为诸侯国和利益集团服务的"私家间谍",而且非官方的"特工"也十分活跃,几乎遍布各个阶层,比如被称为"战国四公子"的信陵君、孟尝君、平原君和春申君都曾养士数千,当中就有很多间谍。

这些间谍的身份千奇百怪,不过如果只是普通老百姓,你让他去做间谍他也没这个本事,一般只有成为手握一定权柄的人才有能力去做间谍,也只有他们能获得第一手资料。因此,春秋战国时期,类似诸侯王的夫人、兄弟,包括朝臣,做间谍的几率是要远远大于普通人的。

间谍被赋予的使命也不尽相同,根据《春秋左氏传》《吕氏春秋》《韩非子》《孙子兵法》《战国策》《史记》等书的记载,可以把这一时期的间谍活动划分为刺探、离间、谍杀、收买和卧底等五类。其中,刺探是这一时期最广泛的间谍活动方式。刺探,即搜集、探听、侦察敌方的军事、民事和人事等各种情报,以便及时掌握和了解敌方的动态。

而且,只有你想不到的,没有间谍们做不到的。"阴书"、"阴符"、原始窃听器"听瓮"等一系列传递和获取情报的手段、设备都是这一时期发明的。智勇双全的间谍在诸侯争霸中还发挥着重要作用,有时甚至可以不费一兵一卒、不毁一城一池而达到"不战而屈人之兵"的最高境界。

春秋战国时期间谍战的类型和参与人员非常多,具体情节也很精彩,比如著名的苏秦、张仪,还有伪装成高级工程师的韩国间谍郑国。可以说任何人在任何时间、任何地点,都可以成为情报的发出者和收集者,他们的一举一动都可能关乎国家的存亡。在长达二百多年的战国时代,涌现出了诸如商鞅、吴起、李悝、白起、李牧、

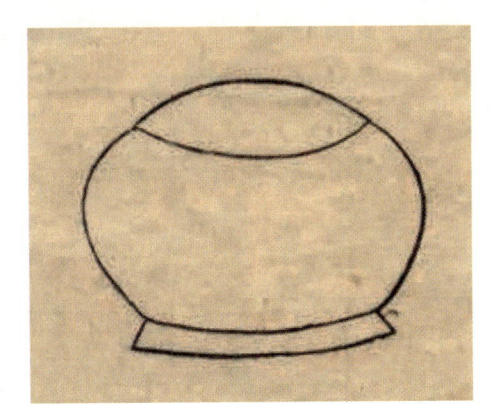

听瓮

廉颇等一大批著名人物，他们的故事对后人有着巨大的影响力。若要讲到这些战国名人的故事或成语，估计每个人的脑海中都能蹦出几个来，但是如果我们稍作留意，就会发现这些我们耳熟能详的名字都是一些站在台前的人，而那些站在幕后却又实实在在地干出了很多影响历史走向的人，我们大多不怎么熟悉。

战国时期的楚国人才济济、英雄辈出，要不然也不会在竞争激烈和生存环境日益变坏的战国后期成为一时翘楚，特别是楚怀王灭越之后，幅员广阔，覆盖了西起大巴山、巫山、武陵山，东至大海，北起今河南中部、安徽和江苏北部、陕西东南部、山东西南部，南到南岭的大块土地。而说到楚国灭越之战，我们又不得不说起其中一个被我们严重忽略了的关键人物：昭滑。

昭滑出自楚国宗室，其先祖为楚昭王，他的家族是与楚国屈氏、景氏齐名的昭氏。昭滑官至楚国大司马，根据现有的史料记载，他一生最重大的两项功绩就是存燕和灭越。

公元前 312 年，楚国在与秦的争霸之战中遭重创，昭滑灭越正好给当时颓废的楚国打了一针强心剂，得到越国故地的楚国还有了战略东移的可能，生生将它的存活时间又延续了好多年。

可以说，不管是助楚灭越，让楚国在没落时期陡然间恢复些许生机，还是组织诸侯进行存燕活动，让天下重新进入战国七雄的平衡轨道，都不是小事，对于在其中起到了关键作用的昭滑来说都值得被大书特书，其功绩比之苏秦、张仪不见得小。

而下面所要讲述的，就是昭滑的故事：

《战国策·赵策三》：齐破燕，赵欲存之。乐毅谓赵王曰："今无约而攻齐，齐必仇赵，不如请以河东易燕地于齐。赵有河北，齐有河东，燕、赵必不争矣。是二国亲也。以河东之地强齐，以燕以赵辅之，天下憎之，必皆事王以伐齐，是因天下以破齐也。"王曰："善。"乃以河东易齐。楚、魏憎之，令淖滑[①]、惠施之赵，请伐齐而存燕。

《战国策·楚策一》：且王尝用滑于越而纳句章，昧之难，越乱，故楚南察濑胡而野江东。计王之功，所以能如此者，越乱而楚治也。

《左传·庄公二十八年》：（楚伐郑）诸侯救郑，楚师夜遁。郑人将奔桐丘，谍告曰："楚幕有乌。"乃止。

《左传·桓公十八年》：辛伯谏曰："并后，匹嫡，两政，耦国，乱之本也。"周公弗从，故及。

皋亭山深秋的早晨，太阳刚刚露出地平线，天气微寒。一辆马车缓缓驶上了山道，一阵冷风掠过，山道两旁的枯树枝条索索作响。赶车的老仆有张黑瘦的面孔，

① 即昭滑。

顶着一头白霜，他转头看向坐在后面车篷里的昭滑。

"昭司马，前面离这儿不远就是越国的皋亭城了，我们先去驿站歇息下吧，接下来还要坐船沿江而下才能去往句章。"

"皋亭城？"昭滑掀开车帘问道，"是浙水北部的皋亭城吗？"

老仆回答道："是的，大人知道这个地方？"

昭滑望着官道两旁纷纷飘落的黄叶，言道："嗯。"这个地方对他来说有太重要的意义了。

昭滑想起入越前与楚怀王进行的一次深入交谈。

楚国正是用人之际，楚王本不想让昭滑前往越国，认为他大可不必以身犯险，可以派其他人前往越国。但昭滑说道："当年楚国人伍子胥逃亡到吴国后，游说吴王伐楚，还利用其对楚的了解大施反间之计，派出大批间谍入楚，用尽收买、造谣、离间等手段，诱使楚王罢免了多谋善战的公子结而改用贪而无能的囊瓦，破坏了楚国与唐国、蔡国之间的关系，使后两者倒向吴国，于是吴国伐楚时占尽优势。这一系列的问题就出在伍子胥对我楚人太过了解了。"

没有多加思考，昭滑又道："大王，越国自古以来就是一个大国，越王勾践更是一代霸主，其国力不容小觑。"

楚王点点头，虽然自己打算先灭了越国，但是不可否认，越国也不是什么小国家，同样是霸主遗业，国力强大，甚至单从建国历史上来说，越国的历史还比楚国久一点。

越国的立国时间很早，远在夏代就已经立国，是夏帝少康的后裔，而现在的几个大国都是周代建立的诸侯国。并且和同在南方、积极中原化的楚国不同，这个为了祭祀夏代先君大禹而建立的禹越国，自建国后就披发文身，成了蛮夷，后来的吴国也是如此。就这样，因为交流和交通的关系，尤其是被吴国隔断，直到越王勾践在位期间灭掉了吴国才扭转了这一局面，与中原联系起来。

昭滑见楚王点头认同了自己的说法，接着说道："大王，越国虽然是霸主遗业，而且这一百多年来没有遭到其他国家的严重削弱，但是越国自越王朱勾开始，弑君之事频频出现，子弑父、臣弑君屡见不鲜，越国国内一片混乱，这就是越国在自我削弱。因此，现在的越国最严重的问题就是内忧。"停顿了一下，昭滑继续道："阖闾与夫差两代吴王都是霸主，当年越王勾践卑身侍奉吴王，而后用阴谋削弱吴国，继而趁着吴王外出争霸偷袭吴国腹地，这才打败了吴国。对此，吴国的遗民一直都不服气，这一百多年来已经有数次吴人谋反复国的行动。"

对于昭滑的前半段话，楚王也想过，越国国内这一百多年来一直很乱，尤其是王室之争以及吴人、越人的争斗。但是吴国遗民的造反活动，楚王还是第一次听说，或者是规模不大，或者是以前没有引起重视吧。

楚王便问道："吴国遗民的谋反活动对越国影响大不大？"

昭滑思索了片刻，回答道："大王，以前对越国的影响的确不大,但如果现在吴人谋反,那对越国的影响就很大。"

楚王先是一愣,又一脸正色道:"愿闻其详。"

昭滑解释道:"越国的根基在会稽,而吴国的根基在姑苏。越王勾践灭吴后迁都琅邪,这期间吴人的谋反对越国来说都是小问题,派兵镇压即可。但是,自从越国频频出现内乱之后,吴人的身影就出现在了越国的朝堂之中,尤其是越国又将都城从琅邪迁至姑苏,吴人在姑苏的实力很强大,他们迅速在越国的朝政中冒头,并且开始掌握权力,最严重的时候甚至出现了吴人立越王的事情。"

"也就是说,越国将都城迁至姑苏城后,越国内部的吴越之争被激化了。"昭滑顿了顿继续道,"大王,吴人、越人之争对越国来说还不是大毛病,真正令越国混乱的正是越王公子之争。"

"大王可知,国有四乱——'并后''匹嫡''两政''耦国',一个国家一旦出现这四种情况中的一个,国内必有大乱,而现在越王的公子之争就是'匹嫡'。进一步说,一旦越人在都城无法压制吴人,恐怕就会出现国内有两个大臣领袖分庭抗礼的情况,也就是'两政'。"

"现在这个战争不断的天下,一国国内出现一种动乱就有战败亡国的风险,更何况越国内部有两个大的动乱,越国真的危险了啊!"

说着,楚王看向昭滑,问道:"贤卿,你觉得越王其人如何?"

昭滑迅速将这几个月入越探子收集的信息在脑中过了一遍，答道："回大王，越王无彊虽贪名好利，进取不足，但是作为守成之君还是合格的。"

"何以见得？"楚王追问道。

昭滑拱手答道："自从十年前越王接受赵王贿赂，越国就开始骚扰我楚国，楚、越两国可以说得上是世仇。但是齐国灭燕之后，楚、越两国能迅速和解并结盟，越王能亲近微臣这个楚臣，这不仅仅是大王高瞻远瞩，也跟越王能看清大局并迅速调整越国国策有关系。"

昭滑接着说："越国内部的吴人、越人之争由来已久，和越王没有多大关系，之所以在越王手中出现糜烂趋势，是因为这场纷争与越国的夺位之争搅到一块去了。但是即便如此，越王始终掌握着越国的大部分权力，公子之争的解决只是时间问题，如果不出意外，再过数年，越国的内争就会告一段落，越国也会稳定下来。"

楚王眼中闪过一丝失望，喃喃自语道："也就是说，越王能守得住越国了！"

昭滑摇头道："大王，越王虽然是一个守成之君，但是依旧难以守住越国。"

"哦？"楚王又有了一丝希望，好奇地看着昭滑说道，"请贤卿快快说来。"

昭滑又拱手道："大王，请允许微臣用亡国的滕国举例。滕文公是天下赫赫有名的贤君，手下亦有为数不少的名臣，且滕国国富民强，按道理来说，这样的国家足以自保。但是事实却正好相反，仅仅两个多月，在齐、越大战期间，我国未干涉的情况下，滕国就被宋国灭掉了。所以说，国家的存亡和国君的贤明、大臣的贤能、国家的富裕没有多大关系，最根本的还是国家的实力。"

楚王闻言不由自主地点头。

最初他听说宋国伐滕的时候，也以为凭借滕国的君明臣贤以及国富民强，能硬顶好几个月，结果出人意料，众志成城的滕国在宋国的全力进攻下，只坚持了两个多月就灭亡了。而且，滕国的灭亡不仅仅是滕国的灭亡，还表明了一件事，那就是孟子的那一套也破产了。这年头，什么帝道、王道、霸道，拳头大才是硬道理，其他全是虚的。

听到昭滑的举例，楚王还想到了曾经的楚国。

先前吴、楚交战之时，楚国强而吴国弱，而且楚国当时也是有昭王这个贤君和令尹子西这个贤相的，虽然是在为平王背锅，但结果却是楚国连都城都丢了。若不是秦国出兵相救，同时越国又在攻击吴国后方，楚国恐怕早就灭亡了。所以说在这战争频仍的天下，就是没有什么道理可以讲的，内乱会导致亡国，国小同样也容易亡国。

想到这里，楚王眼中有一丝光闪过，而后他面无表情地看着昭滑道："贤卿的意思是，我楚国可以攻打越国？"

昭滑闻言，心脏顿时猛烈地跳动了两下，长揖道："大王，越国国力本就远不如我楚国，现在内部又出现混乱，而且他们新得了齐国的淮北地，把主力都布置在那儿驻守，所以目前依我看正是攻打越国的良机！若是一战而胜，我楚军再顺江而下，越国都城也将不保，届时吴国故土都将归我楚国所有。越国退回故土，一个贫弱的越国从此将不再成为我楚国的后患。"

楚王沉默了许久，长叹一声可惜，摇头拒绝道："孙子云：知己知彼，百战不殆；不知彼而知己，一胜一负。同样的道理，知彼不知己，胜负各半，寡人即便有心也无力啊！"

昭滑继续说道："我此次前往越国就是要效仿当年子贡的游说之法，为日后吞并越地做准备，希望能永绝我楚国东面之患。"

子贡，全名端木赐，卫国人，孔门弟子。他擅长辩论，仅通过数次出使，就凭舌口之利达到了存鲁、乱齐、破吴、强晋、霸越的目的。他出使的这十年中，鲁、吴、齐、晋、越五国的形势也基本上按照他的预测发生着变化。

公元前484年，吴王夫差北伐齐国，在艾陵大败齐军，俘虏了齐国的七个将军。吴王夫差又带兵逼近晋国，但被晋军击败。

公元前482年，吴王夫差北上与诸侯会盟于黄池，企图称霸中原。六月丙子，越王勾践伐吴，越兵五千人与吴兵交战。丙戌，越国俘获吴国太子友。丁亥，越军进入吴国，吴国没有了太子，国内空虚，且吴王在外很久，只好领兵归国，士卒疲惫，不堪一击，不得不派使者带上厚礼与越国议和。

公元前481年，齐国大夫田常杀死齐简公。

公元前478年，越王勾践率兵伐吴，大败吴兵于笠泽。

子贡

公元前 476 年，越王勾践再次伐吴。

公元前 475 年，越兵围困吴国。

公元前 473 年，越国彻底打败吴国，吴王夫差自杀。

楚王陷入了沉思。确实，完成了存燕运动后的昭滑为了彻底解决楚国的后顾之忧，近年来数次选派精明强干的探子赶赴越国境内，并在越国招募细作，组成了对越国境内各地的探查力量。看来昭滑是有备而去，楚王也不再多说什么。

不久，护送昭滑赴越的骑士队伍到达了楚、越的边境，同时燕国都城被齐国和中山国攻破，近乎亡国的消息也传到了越国。越国朝野震恐，深感本国已处在北方齐国和西方楚国夹击的恐惧之中。

越王无疆想要复兴越国，但经历了几代越人的内讧，越国已经没有什么影响力了。无疆想到，既然祖上勾践是以战胜吴国而成名的，那么要重刷越国的存在感也应该如法炮制，于是他就开始了大张旗鼓的北伐齐国之行。

齐威王得知越国将对齐国发动进攻的消息，自知不敌，就派人前去越国劝阻越王。

齐国使者首先向越王无疆使出了"激将法"，对无疆说："目前楚国兵力分散，一时难以同越国抗衡，正是讨伐楚国的良好时机。如果连这样好的时机都不能抓住，越国的国君是既不足以称王，也不足以称伯的。"继而，他又使出一招"利诱法"，说道："楚国的雠、庞、长沙等地是粮食产地，竟陵泽地区是木材产地，越国此时攻打楚国很容易就能获取这几个物产丰富的地区，由此就会得到丰厚的利益。"

在各国博弈中，本就漫无目的的越王无疆被齐国使者的"激将法"和"利诱法"弄昏了头脑，就这样落入了齐国使者的圈套，放弃了原先攻打齐国的计划，转而莽撞地向楚国发动了进攻，结果被楚国打得一败涂地，落了个身死国破的下场。

正如孟子所说，这个时代的战争是极其残酷的，"争地以战，杀人盈野；争城以战，杀人盈城"。而且对待战败的将帅，胜利的一方也不再像春秋贵族战争时那样温情脉脉，准许对方赎身，而是覆军杀将，割下首级，使其不得存活。

第六章

百年基业一朝散

引 子

《资治通鉴》卷二：越王无彊伐齐。齐王使人说之以伐齐不如伐楚之利，越王遂伐楚。楚人大败之，乘胜尽取吴故地，东至于浙江。越以此散，诸公族争立，或为王，或为君，滨于海上，朝服于楚。

越王无彊决心北上伐齐，作为进击中原的跳板。齐国派了一个伶牙俐齿、满腹经纶的使者游说越王无彊，指出楚国才是越国的心腹之患，应该趁楚国国内兵力不足之时主动进攻，而齐国愿意与越国联盟共同灭楚。越王无彊相信了齐国使臣的游说，转而举兵西向伐楚。

消息传到皋亭山城邑，负责总领的军事长官接到命令，随即开始整顿军备……

皋亭山下的赌斗

皋亭城山顶城墙上建着一座三层高的巨大城楼，站在顶层可以直接看到数十里之外。

大堂里，一个中年男人挎着刀，坐在大椅上。他穿着皮革铜甲，身披猩红大氅，生了一双狭长凌厉的丹凤眼，五官颇为俊朗。此人既有武将的沙场锐气，又有天潢贵胄的凛然傲气，是那种天生就要身居高位的掌权者，器宇不凡。其右手执一水晶素光杯，正是当年匠人丘沙亲手所制；左手持一枚龙形玉佩，为南方地方玉质，呈鸡骨白色，手掌大小，玉体扁薄，龙首侧向昂首张嘴，短角，龙体虬曲，背高拱，尾上卷，龙颈和爪上立有两只小鸟，拱背一侧有凤首，似合龙凤佩之意，两面身躯满饰浅浮雕卷云纹，爪部和尾部饰平行弧线纹，龙的拱背上偏中心部位还有一小圆孔可穿线佩挂。此佩不但体形较大，而且雕琢十分精细，造型极其优美，堪称精品，也是越国刮摩司丘沙大师亲制，为皋亭城主府守藏室所藏珍品之一。

这个男人正是皋亭城主彦棘①，昨夜酒入愁肠后，醉意袭来，然后就是梦境……在皋亭做城主的这段岁月里，酒精和美色是治愈他情绪的良药，几乎每个夜晚，这位

① 彦棘为虚构人物。

龙形玉璜

城主都会在姑苏、会稽的市肆里寻欢作乐，贪婪地嘬吸酒壶，然后闭上眼等待黑暗吞噬自己，不去想任何事情。而这次迷醉前的最后一点记忆，停留在与新任司空白崖余①发生的争执上。

摸着剧痛无比的头颅，彦棘挣扎起身，望着手中的水晶素光杯，询问侍者，才知道这已经是第二日的午后了，同时他也得知了昨晚发生的事。

"什么？昨日宴上白司空与我进行了赌斗？"

等侍者将昨晚发生的事复述一遍后，彦棘顿时惊道："也怪我，是我昨夜贪杯未能照料好你，真是愧对先王。"

侍者当场错愕，却不知城主指的是手中的水晶素光杯，跪拜道："城主大可不必自责，何况这必赢的赌斗，又何必自责呢？白司空答应，若是他输了就为城主在皋亭城执辔！但城主要是输了，就要将此水晶素光杯赠予白司空。"

①白崖余为虚构人物。

彦棘还是有些担心，说道："但白崖余的确酒量颇佳，昨夜便是他手持大酒爵将我灌倒的，害我答应了这场赌斗，如若他真的做到了，就真要输掉此杯了！当年丘沙大师制作的两只水晶素光杯，另一只送进了王宫，这只还是上任城主偷偷藏起来的。"

彦棘还算是一个有作为的城主，可是很爱喝酒，每次酒宴之上都要讲魏文侯"浮以大白"的故事：

当年魏王要大夫们陪他一起喝酒，并让最善于喝酒的大臣公乘不仁监酒，他对公乘不仁交代说："你若看到谁没有把杯中的酒喝完，就罚他浮以大白（满饮一杯），绝不能手软！"

于是，宴席上干杯之声一片，热闹非凡，所有出席宴会的官员都把自己的杯中酒喝了个干净，没有一个违反酒令。就这样，一杯一杯喝下去，不少酒量小的人都有些醉了，但他们仍然硬撑着，情愿喝醉也不愿吃罚酒。

魏文侯也喝了不少酒。他虽爱好喝酒，但是酒量却不是很大，所以宴会快结束的时候，那杯酒他只喝了大半，还有一小半在杯中。公乘不仁见了，就倒了满满一大杯酒端到魏文侯跟前，说："请大王浮以大白。"

魏文侯已有些醉了，他看着那一大杯酒，默不作声。公乘不仁又大声再说了一遍："监酒官公乘不仁，请大王浮以大白！"

这时，魏文侯的侍从上前说："大王已经喝醉了，不能再喝了，你退下去吧！"

公乘不仁却毫不退让，说："从前有些国家之所以灭亡，就是因为法令无法贯彻。做臣子的不容易，做国君也不容易，现在大王设置了命令，命臣子执行，而大王却带头不执行，那又何以服众呢？"

魏文侯深感公乘不仁说得有理，说道："说得好！"于是，魏文侯端起那一大杯酒一饮而尽。

宴会后，魏文侯要奖励公乘不仁，公乘不仁推辞说："大王让我做监酒官，我不过是秉公执行而已。"

彦棘还有一个爱好也与酒有关，那就是收集各国的酒器。素光杯是其最爱之物，轻易不示人，昨日取出除了与白崖余置气之外，也想要显摆一下，但不想白崖余用这次伐楚的军备与彦棘来了一场赌斗。

这主要源于越王西伐楚国的一张大订单，越王令皋亭城主在三个月内完成大小战船近千艘，还有各种兵器、辎重物资，按以往从整个国家层面来说，这至少需要三年时间准备，但越王只给了一年，并让司空白崖余来皋亭和固陵亲自督造，这才有了上面的赌斗。

越国的手工业虽然在奢侈品、艺术品方面远远不如中原各国，但兵器、甲胄、车舆，特别是战船的制作自勾践灭吴之后已经后来居上，不亚于楚国和齐国了，这些东西放到交战时，就是国与国之间硬实力的差距。而战国之时，因为战备物资如青铜器铸造、车驾制作等工艺较为复杂，往往需要集中不同门类的匠人才能完成，这就要求匠人聚居在一起，所以才有了大面积的百工之肆。

白崖余视察攻木坊

皋亭城北邻大遮山，西依苕溪，山川毗连，河道交错，既有山石林木之饶，又有沃土嘉禾之利。木工匠人们集中的区域"攻木坊"在皋亭西北的大遮山下，沿苕溪而建，附近河流纵横发达，便于大型木料运输。毕竟是木工聚集之地，所以攻木坊修得很结实高大，除此之外就没什么值得一提的了。成年男女都在坊中做工，老人则蹲坐在城墙下，百无聊赖地晒着太阳。坊门外还有一大群光着脚丫的小孩，个个衣衫褴褛，拿着大人给做的木马在玩打仗游戏。

热闹、肮脏、杂乱、无序，这就是攻木坊的日常，但今天却让不速之客打破了。

小孩子们正在嬉玩打闹，坊门处突然来了一小队都城卫士，个个穿着甲胄，举着长矛冲了过来。虽然已是八月中旬，但今日艳阳高照，在这种大热天穿着甲胄一定汗流浃背，但这些卫士半声怨言也没有。他们驱散了孩童，又将挡路的推车和行人赶开，清空了道路。随即东边的主路上来了几匹战马，护卫着一辆大车，车上有位衣着朴素的公子，见兵卒凶神恶煞，竟将那些懵懵懂懂的孩子都推到了泥水里，连忙喝止了他们：

"不得扰民！"

说话的公子正是新上任的司空白崖余，他见这里道路狭窄，自己的驷马大车虽然能驶进去，却会占据整条道路，想着自己初来乍到还是做出一种"亲民"的姿态吧。白崖余索性下了车，迈步往坊里走去。

这可把为白崖余引路的工师吓坏了，这位工师名叫张老[1]，是个四十余岁的中年官吏，专门负责管理攻木之工，今日听闻新上任的司空要来视察，便忙不迭地出来迎接。寻常上吏也就算了，可这一位却是大名鼎鼎的白司空，他岂敢怠慢，更别说让白司空踏进泥水里了，张老劝阻不及，竟直接将自己的外裳脱下来扔在泥水里，想要为白司空垫脚。

"张工师，你这是要我赔你一件新衣裳了。"白崖余哭笑不得。他倒是对崭新的鞋履沾染泥水粪便不太介意，因为幼时随长辈下乡的机会很多。白崖余最厌恶的，就是那种衣冠楚楚之人，下了车几步路都不愿走，过条河还要年迈的乡人背着……

于是，白崖余便在张老和赶来听询的工师们惊讶的目光中，蹚过浑浊肮脏的泥水，径自向里面走去，一边走，还一边四下打量这片自己将要监督管理的区域。说起来，白崖余在皋亭城毕竟才待了半个多月，对周边没有像对会稽城那么熟悉，之前对各坊各司的探视也只是走马观花，而像现在这样真真正正走进民众中间还是第一次。

古代城市的里巷都是这样，外面肮脏狭窄的情形的确能让人皱起眉来，但是到了里面，白崖余发现这里的确是他想象中手工作坊该有的样子。

[1] 张老为虚构人物。

沿着蜿蜒小路，白崖余一行人行走在苕溪水边上，河边低矮的屋舍挤在一起，还有个小小的码头和水坝，但这并非是用来行船的，而是用以阻截从上游山林放过来的漂木，这是最便捷的取木方式了。白崖余走到堤坝边时，正好从上游放下来数十根木头，它们撞在坝石上，发出轰隆巨响，溅起一阵白浪……

工师介绍说，现在正是伐木的好时候。因为春夏之时是树木生长的旺季，如此时采伐，树液外溢，不但降低了木材的强度，给砍伐造成困难，而且容易发生树裂；秋冬季则不然，树木生长了一年，质地坚实，此时砍伐，树液不会外流，树干也不易出现裂纹，是继续加工的好材料。

这就是邹国孟子所说的"斧斤以时入山林，材木不可胜用也"，白崖余如此想着。

中国的木工算得上是世间一绝，春秋战国时代不论是建筑还是生活都离不开木具，贩卖木材可获利益甚多，特别是由于越国的地理位置，木材可算是越人重要的战略资源。白崖余听说，当年齐国田氏还只是卿大夫时，就是靠贩卖领地山林里的木材发家并收买人心的。

愈往前走，视野愈开阔，也愈嘈杂。只见露天作坊里是一群群赤着胳膊的青壮汉子，他们分工明确：有的赶牛车运送从水上漂来的大木材，将其堆叠得如同小山似的；有的坐在风干的木材上，三三两两地合作，以斧斤、锯子、刨子等物将木材初步加工，或除去树皮，或将其砍成小段。

接着，这些木材又被运往各色工坊，有专门烘焙木材使其柔化的，有精雕细琢极尽机巧的，到处是凿锯声，

古代木匠工作场景

木尘在空气中弥漫，白崖余也不由自主地咳嗽起来。

心生感慨之余，白崖余发现自己走的不过是横穿工坊的主干道。他这次来也不想只是走马观花，便在一条小径旁停下了脚步，笑道："进去看看。"

工师阻拦不了，只能硬着头皮在前引路，他们就这么左拐右拐，走进了一个小作坊。作坊不大，也就几十步见方，墙由土坯垒成，已经很旧了，墙皮斑驳得厉害，进去的人多了，轻微震动就扑簌簌往下掉土粒。

墙头下，是一家正在干活的匠人，为首的是一个白发苍苍的老者，佝偻着背，正在训斥他的儿孙们。突然一群人闯了进来，老者顿时大惊失色，一见是工师张老，便低头哈腰赔着笑过来："工师，老朽记性不好，今日还未到交工的期限吧？"

只见张老连连朝他摇头，老者这才看到他身后四处打量的年轻公子。当得知这位年轻公子是掌管六肆的司空后，他连忙拉着儿孙、徒弟们跪拜行礼。

"长者不必多礼。"白崖余扶起了那老者，发现他下颌的胡须像风干的苎麻一样白且稀疏，手上也满是老茧，每一次呼吸，肺部还发出一阵痰响。

"长者可是在做轮子？"说着，白崖余看向院子里，里面摆着一些还没来得及上辐条的圆形木环，也没有磨光，但已经有车轮的雏形了。

"回司空大人，正是轮子！"那老木匠笑起来时满口豁牙，本来还有些诚惶诚恐，但很快就被这让人如沐春风的年轻公子感染了，开始指着各类器具介绍起来。

墙头下一路排开的器具是斧头、凿子、墨斗、锯子……这是木工作坊里必备的工具。当然，也少不了木工长凳，长凳正对着门口，这样采光就得到了保障。老木匠和他的儿孙们每天都骑在长凳上做工，凳上还留下了许多斧凿刀砍之痕，仿佛每个痕迹都在诉说着一个故事。

老者为白崖余演示起了他们做工的情形，捋起袖子，在长凳上哧溜哧溜地推着刨刀，刨声在空气中回响，他偶尔又捉起器具，眯起眼睛举起木头一瞄，看是否把木头刨平，时不时还会停顿一下，接着便是一阵苍老的咳嗽。

等完工后，他兴致勃勃地介绍道："司空大人请看，要判断这车轮是否做好，先得远望，车轮的外圈要弯曲匀称才好；这辐也有讲究，要像人的手臂般由粗到细；还要看轮子的高低，如果太高，人不容易登车，太低，马拉车时在平地上也会有如爬坡……"

老者说到擅长的东西难免唠叨，白崖余也不生气，

刨木

只是耐心听着，直到工师张老连连呛声提醒，老者才反应过来，眼前的年轻人可不是自己的小学徒。老者回过神来连忙下拜道："老朽多嘴了。"

"无妨，无妨，我倒觉得挺有趣。"白崖余颔首笑了笑，并让人留下一些钱帛作为赏赐，然后就离开了这个院子。

白崖余又从工师处得知，这类木匠基本上是以族为单位聚居，正所谓"工不族居，不足以给官"，他们世代继承手艺和工匠身份，有专门的户籍，不少人一生从不离开木作坊走到大遮山之外的地方去。他们按着官府的要求做工，在飘浮的木屑尘灰中咳嗽着，闲暇时也可以用边角料做点东西，托商贾卖出去赚几个小钱。他们将手中的木料经过进一步的深加工，变成轮子、车辕、矛杆、战船、家具等，再装备到军队里，或走进千家万户……

到了傍晚时分，白崖余已经将这片木工作坊巡视完毕，除了专门做轮的匠人外，还视察了舆、庐、匠、车、梓五种匠人的工作，他们主要负责做车厢、车盖，以及将各个部件组装为车体的任务，可见这木工作坊大多和制车、制舟有关。

这皋亭城大遮山下攻木坊吆喝声、锯木声、刨木声、锤子的敲打声，叮叮当当、吱吱呀呀不绝于耳，而轮人、舆人等六个不同的工种井然有序，十数个百工家族在这里世代繁衍。

百工匠心

晚上,白崖余回到皋亭城的居所后,他的好友攻玉坊坊主丘通①来访,正好在门口看到白崖余满脚泥泞,头上还沾着木屑灰土,不由得大吃一惊。得知白崖余白天竟然亲自去看木匠们干活,丘通不住摇头,不以为然地说道:"白司空,子夏曾经说过,工匠、农圃皆为小道,虽有可取之处,但对于君子而言,关注这些事情会耽误正事,故曰:'虽小道,必有可观者焉;致远恐泥,是以君子不为也。'普通儒生君子都不屑于与工匠为伍,何况大司空?"看得出来,近年来深受鲁儒熏陶的丘通对于那些整日忙忙碌碌的工匠是很看不起的。

白崖余却一边让侍从帮自己振衣弹冠,一边笑道:"兄长,我可不这么认为。你的看法过时了!"

经过对各肆各坊几日的探查,白崖余心里清楚,越国六肆各坊之所以在近几年可以做到精细分工,集体劳动,最后将做好的各个部件统一组装,是因为有国家撑腰,资金和资源能得到保障,众多高水平的工匠能被强制集中到一起。这种官办的工坊一旦开动起来,其规模可不是小家小户的作坊能比的。可很明显的是,近年来这种官营工坊的弊端也很多。比如贪腐严重,层层盘剥,导

①丘通为虚构人物。

致手工业产品生产上不计工本，不惜浪费，生产率低下；官僚衙门式的经营管理制度更是贻害深远，百工们因此被束缚了自由，生产积极性也不高。

而据白崖余所知，秦国不但通过战争夺取六国的工匠，还学习中原各国较为先进的管理方式。比如，山东六国有一种制度叫作"物勒工名"，要求器物的制造者把名字刻在自己制作的器物上，甚至除了工匠之名，还要刻上督造者和主造者之名，以方便管理者检验器物质量，考核工匠的技艺和逐级追查责任。要是为了逃避追究而不在器物上刻写名字也要被惩罚。以越国的情况来举个实际的例子，张老作为攻木坊主监督一批车舆的制作，他的名字就要作为督造者刻在第一位，之后才是制作者的名字。这一点就被秦国学了去，并严格执行起来。而且，由于有严苛的《秦律》支撑，这套方法还青出于蓝而胜于蓝，在秦国开了花结了果，秦国的百工由于畏惧刑罚绝不敢怠工偷懒，做得好的则有具体的奖励办法，甚至可以封爵。再加上有一部分墨家学派的人入秦，带去了不少技艺。百年积累下来，秦国的工匠还真有一些"工匠精神"了，这就不难理解为什么秦能够制造出几乎完全一致，零件还能互相替换的弩、矛、戟，后来更是做出了前无古人、后无来者的兵马俑。

虽然白崖余是掌管工程的长官，任务只是督造，具体事务都由工师安排下去，但本着尽职的态度，他依然旁观了造车、造船的每一个工序，并不厌其烦地向工师和匠人询问了解相关情况。他想瞧瞧，这其中有没有能提高的地方，他没有指手画脚打乱工匠们熟悉的节奏，而是只听但不发表意见，将那些亟待改善的地方默默记了下来。

在这过程中他也明白了，除了比较广博的见识和大致知道各国的科技发展方向外，在细节上他完全就是个门外汉。比如，榫卯结构是制车、制船的核心，把木头多余的部分凿去，一凸一凹，木头便有了阴阳榫卯，两块木头似乎有了默契，不需要钉子它们便能紧紧相拥。而无论是双轮独辕车还是双轮双辕车都需要将榫卯工艺运用在车架、车厢、车棚、车轱辘的制作上。又如，双辕车与单辕车的区别仅仅在于辕上，其余方面根本不需要做出改变；轮人那边，依旧是做出轮子后进行测试，先用悬线察看相对应的辐条是否笔直，再将轮子平放在同样大小的平整的圆盘上进行检验，看两者是否重叠密合，最后还要将轮子放在水中，看其浮沉是否一致，以确定轮子的各部分是否均衡。再如，车辆的核心部件车轴讲究的是材料，需要具备坚硬、耐磨、含油质三要素，以槐、枣、檀、榆为上，必须选用最好的材料，万万不能出差错，而这些树木在皋亭山、大遮山周边的丘陵森林中就有不少。

在一片喧嚣忙碌中，半个月的时间转瞬即逝，因为白崖余几乎每日都来攻木坊巡视，工师和百工们皆不敢偷懒。三百辆辎车的部件做成了，老迈的车人祭祀了一番鬼神山川，祈求保佑后开始组装，一辆辆成车陆续完工，再涂上漆，蒙上皮革，顺利交付使用。据说后来的伐楚大战，越国就有四五千辆辎车在各地仓库和前线间来回运送粮食，难怪孙子说："凡用兵之法，驰车千驷，革车千乘，带甲十万，千里馈粮。内外之费，宾客之用，胶漆之材，车甲之奉，日费千金，然后十万之师举矣。"白崖余恍然瞥见了整个国家战争的冰山一角，作战已经不是原始时期的械斗，而是精密计算的行动了。

虽然已经完成了三百辆辎车，但剩下的任务仍然紧迫，皋亭城能参与进来的熟练木工不到三百人，加上他们的学徒也不过五百人，看来要按时完工还须去固陵调

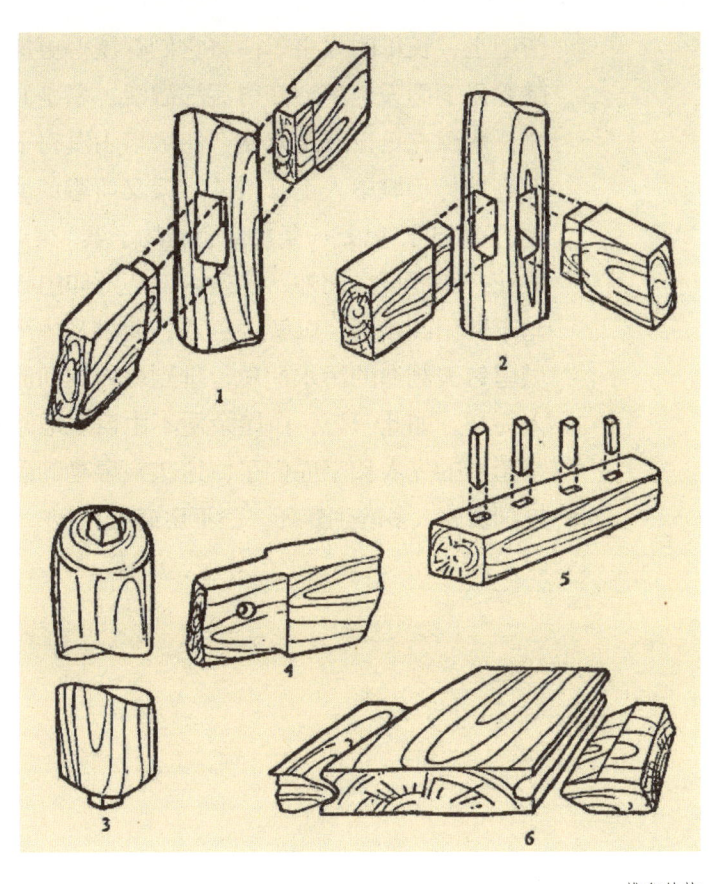

榫卯结构

些人手过来才行。

　　白崖余清楚地知道，皋亭刚建城的时候人口是很少的，毕竟这里是海滨盐卤之地。而自越王勾践起，"十年生聚，十年教训"的国策让皋亭城经历了百余年"因地而治"，兴办海滨水利之事让这里有了肥腴的桑田和今日的鱼盐之利。虽然"诸咎之乱"后越国一度中衰，但历任皋亭城主都坚持原有的国策，专门设立管理财富货殖的部门，皋亭人烟繁盛的局面就奠定了下来。

　　此时的皋亭城，夯实过的黄土路铺设在城里城外的街道上，长年的人来车往将它们踩压得更加坚硬板实，就算是下雨天也不会变得泥泞湿滑。皋亭城周边水系密布，水源充足，取水方便，使皋亭山没有干旱的烦恼，而高地势和城里人工开挖的水渠又可避免洪涝。白崖余他们途经的，就是一条贯穿全城的干渠，渠边杨柳依依，鲜花开满堤坝。此外，这条沟渠还延伸出数不尽的暗沟与市肆里闾相通，以解决给水、泄洪及排污等问题，将城里每天制造的污水汇总，排到城外的河流里，最终汇入海洋。如此一想，白崖余便不由自主地佩服起主持皋亭营造的先人和工匠们了，这次来皋亭的确没有白来，越国贵族大多醉生梦死，已不足道哉。

其兴也勃焉，其亡也忽焉

与此同时，昭滑也从经营了近五年的句章再次潜入固陵、皋亭这两个越国重要军港，对越国作最后的战前评估。

回首过去，当年如果不是因为傻乎乎的吴王远赴千里之外的黄池会盟，并带着人数众多的大军，使得首都姑苏城防空虚，也不会给越国在背后捅刀子的机会。

正当吴王夫差与晋定公在谁当盟主的问题上吵得不可开交的时候，越王勾践觉得复仇的机会来了。他带着新征集的一千个各级军官、两千水师、六千重甲和四万步兵，兵分两路对吴国进行了突袭。姑苏城内的万余老弱根本不是越军的对手，但得到消息的吴王还是不忘先拿到盟主之位才肯回国。

可以说，这一仗越国对吴国的胜利实在有很大的运气成分。吴王夫差自继位以来虚荣心膨胀，三天两头发动战争，穷兵黩武让吴国消耗了太多的元气，致使国力空虚，一手好牌被吴王的霸王梦打得稀烂。反观勾践以百里之地覆二千里之吴，以弱胜强，着实给他自己的脸上增光。越王勾践灭吴之后，疆土东到大海，向西已经扩张到了江、淮中游的大部地区，领土面积超过了齐、秦等大国，成了仅次于楚国的排名第二的国家。

但接下来越国就面临了巨大的问题：短期来说，是不惜代价灭吴后越国也精疲力竭，要统治这么广袤的国土，越国的官制就成了大问题，它的国家机构原始、简单，不像人家中原各诸侯国那样系统和完整。

自周幽王废太子开始，长期以来奉行的"礼乐制度"的强制性与约束力就发生了松动，后来井田制、分封制导致的信息不对称又让诸侯坐大而君主却无法获悉，即诸侯在坐大，而周天子不知情；诸侯的私产越来越多，而周天子不但没有分享到超额利润，而且就连本来应该收缴的公粮也打了折扣。因此，这种宗法血缘与政治关系互补的分封制已经失去了存在的基础，而郡县制正是顺应这种大趋势被创造出来的，是被历史选择的一种新的国家治理方法。

但是事实证明，不管是封建制还是官僚制，这两条路在越国实际上都走不了。所以后来明知是战略要地，敌军一到，越国也只好放弃，眼睁睁地看着领土相继丧失。秦武王死后秦国内乱，终于在公元前306年，楚国腾出手来，攻入越地，彻底灭亡了越国，并将江东建设为郡，皋亭山自然也归入了楚国的版图。

越国强大的时期也就是越王勾践灭吴的时候了，而这一次大约是越国的国力已经到了崩溃的临界点，连军队也不给力，越王无疆亲自导演并主演的一场旷世大战，一开场就以楚军大胜而告终，无疆自己也死于乱军之中。

越国的称霸梦在此战之后彻底终结，大约越王无疆没有料到自己这么快就领了盒饭，所以连继承人也没有指定。无彊死后，诸子争位，长子玉、次子蹄等将越国瓜分，进一步弱化了越国的力量。

秦国的强大，体现了野蛮往往也是冷兵器时代的优势；而越国的骤衰，则表明光靠野蛮还是不够的，毕竟只能在战场上横行一时……

第七章

万物皆可互变

引　子

　　楚国灭了越国，设置江东郡，之后楚王选派地方官员入驻皋亭山城邑，在吴越之地施政行令、驻军抚民。

　　为迎接楚国官员，皋亭山城邑重新修整。留守在皋亭山城邑中的匠人们经历过楚越之争，此时兵祸暂歇，但他们手中的活计一直没有停止。

霸王之资

楚国取得了越国的土地后，楚国的一个将军庄蹻，向南甚至还一路打到了云南滇池。当时描述各国的疆域，韩国是"地方九百里"，魏国是"地方千里"，燕、赵、齐都是"地方二千余里"，唯独提到楚国，一张嘴就是"地方五千余里"。

本以为楚国往"广虚之地"的发展是广阔天地，大有可为，但跟越国一样，土地如此广袤，实际上反而成了楚国的一个软肋。秦国取得的巴蜀土地大小适中，使得秦国很快就能把它和关中连为一体，让巴蜀成为自己的一个重要粮仓。而楚国新获得的土地太多太大，很自然地就导致了消化不良的毛病。要把这些丰饶但开发不足，甚至从未开发过的土地变得可资利用，别的不说，首先就需要大量的人力资源，而楚国的人口显然不够多，哪怕全力以赴地生孩子也不是一两代人之内能解决的事情，何况正所谓"江南卑湿，丈夫早夭"，当时生活在南方的男人还特别容易因"暑湿"导致的疟疾而短命，甚至当时北方对南方征战，中原人普遍对南方的生存环境心存畏惧。

尤其是，楚国贵族们被国君强迫着离开了自己早已熟悉的封地，跑到越地等新封地去开发，不可能没有怨气，他们在新地盘取得一些进展后，分裂独立的倾向可能就会萌生出来。和平时期还好，一旦受到外部冲击，中央控制力又有所减弱，这个本来暗藏在贵族们心底的意图就会变成事实。后来，果不其然，随着楚国对外战争的连续失败，"唐蔑死，庄蹻起，楚分而为三四"，楚国就崩盘了。

历史的车轮驶入战国后期，占据南方大片土地的楚国就没过几天好日子。由楚悼王支持的吴起变法虽然在政治、军事等领域实行了一系列改革，一度使楚国国力强盛，但触动了权贵的利益。随着楚悼王的去世，吴起变法遭到楚国旧贵族的强烈反对，最后吴起被射杀，变法以失败告终。而变法的最终失败也让楚国在战国乱世活成了被历史潮流抛弃的孩子，徒有其表却无内在实质的东西。

战国时期群雄割据，有事没事都是用拳头来说话，有单打独斗的，也有拉帮结派打群架的。在这样的情况下便出现了一群耍嘴皮子的人，被称为纵横家。他们通过各种威逼利诱、花言巧语帮助自己的国家与其他国家达成联盟，或挑拨离间以使自己效力的国家从中获利。其中最具有代表性的两个人物就是苏秦和张仪，他们都是由传奇隐士鬼谷子培养出来的，前者合纵，后者拆盟。他们清楚地知道，六国的合纵其实就建立在利益这一前提下，为了各自的利益，可以让他们合，也可以让他们散。于是，这两个纵横家就凭着自己的三寸不烂之舌把天下诸侯玩得团团转。

苏秦搞了一个约纵，联合燕、赵、韩、魏、齐、楚六国来抗秦，他身佩六国相印，为纵约长。这一战略让秦国军队十年都不敢迈出函谷关半步。而张仪为了帮助秦国打破这个被动的局面，就搞了一个连横，把纵横捭阖之术发挥到了极致，以其三寸之舌从容游走于诸侯矛盾的缝隙之间，左右逢源，真可以说抵得上百万之师，将战国七雄和王侯将相玩弄于股掌之上。他曾经向楚怀王许诺，只要楚国与齐国绝交，他便请求秦王割让土地六百里作为答谢，楚怀王被忽悠了。张仪就这样仅用了一块地皮的承诺，便成功把楚国从合纵队伍中分离了出来。楚怀王最后还落下个背信弃义的名声，被各国孤立了，最后不得不割地给秦国换和平，他的好朋友屈原也是这样给气死的。可以说，苏秦设下了赌局，而张仪设下的是个骗局，苏秦敢赌，张仪会骗，战国后期的天下局势尽在二人的布局之中。

但是上面那件事还没完，张仪死后十年，楚怀王还稀里糊涂地相信了秦昭襄王，去武关进行了会盟，结果楚怀王在这场赌局中输光了最后的筹码，他被扣于秦国，最终老死在秦国，费了好大的劲儿才被赶尸的弄回楚国安葬。

至此，楚顷襄王时期的楚国就成了一个四不像，在秦国来犯时连都城都给丢了，搞得东躲西藏地过了好一阵，直到一个叫黄歇的，即战国四公子之一的春申君跳了出来，在楚国剩余不多的时间里勉强为楚国续了命。他根据当时的局势权衡利弊，成功说服秦昭襄王暂时停止进攻并与楚国缔结盟约，又与太子熊完到秦国做人质。

十年后，楚顷襄王终于走到了人生的终点，作为太子的熊完一心想回国继承王位，黄歇与他在做人质期间结下深厚情谊，是过命的交情，于是果断骗过秦国的守卫，让太子熊完偷偷溜走了，成了新任的楚国大王。

黄歇两次入秦，十年冒险，也终于苦尽甘来，得到了优厚的回报。回到楚国后，黄歇成为楚国令尹，获赐淮北十二县的封地，并接管了楚国的军事力量，虽然这中间还是不时受到秦国的欺负，但也做成了不少大事，比如与魏国联手救了赵国，还顺手把鲁国给灭了。

灭了鲁国以后，黄歇感觉自己的声望还不是很高，于是找到山东五国搞了一个联合军，由自己率领，准备给秦国来个绝地反击，彻底掐灭秦国一统天下的想法。结果刚打到函谷关，六国内讧了，紧接着就是失败的来临……

美不分国籍

皋亭以稻作农业生产为主，水田是最基本的农田形态。每块水田都须具备排灌条件，因此客观上也就有了吸纳降水与排干地表多余水分的作用。随着皋亭农田范围的扩展与农田水利的建设，积水越来越多地被排到江河湖塘中蓄积起来，或者流入海洋，原本遍布于皋亭地区的沼泽浅滩大量陆地化了。皋亭山周边的农人们也会主动将水源汇集到低洼之地形成池塘，利用河渠进行排水、蓄水，或利用堤岸挡水工程，将自然地形上的浅水引流至积水深处，实现浅滩沼泽的陆地化。经过几代人二百多年的建设，皋亭地区汛期洪流横溢、一片泽国的情况得到了有效控制，陆地的增加也使得皋亭山下的船坞码头周边人口进一步集中。

自越国并入楚国后，楚国在越地也开始实行郡县制，不可忽视的还有作为地方政权组织补充的封君制。战国时期，吴起变法打击并削弱了封君的势力，楚国封君在其封邑内没有掌兵之权，楚王还有权随时收回封邑或改封。由于兼并需要，有的封君甚至没有封邑，仅有封号，也有的封君只受封而不亲临地方上治民，可以说，楚国封君大多徒有虚名，仅仅是享有私田和经济上的特权。因此，战国时期楚国的封君制，并没有直接阻碍楚国郡县制在全楚境内的普遍推行，而且郡县制在楚国的普遍建立，还进一步导致了封君在政治、经济、军事方面的作用渐趋衰弱，对楚国中央集权的政治制度影响就比较小了。

楚人还用工尹一职取代了司空的职能。工尹的属僚主要有蓝尹、连尹、陵尹、玉尹、集尹、缄尹、中织室、吏臣、工师和冶师等等。楚国官府工场就是由中央王朝经营、工尹管理的，这是官营手工业的主要模式。此外还有王室、贵族以及地方政府经营的手工业，不属工尹管理，但仍属官营手工业。

丘弭①曾是越国刮摩司主事，现为楚国皋亭玉尹。玉尹，就是楚国职掌玉石之官。越国灭亡后，新任皋亭城县尹对工匠特别重视，他让大部分的六肆成员保持原样，并让各肆负责人去楚国参观进修，而丘弭就是其中一位。

丘弭发现，有"郢匠挥斤"之称的楚匠人，除了纯熟的手法、高妙的技术之外，还可凭借自己的灵感和心情进行自由创作，随性、随心，不受限于固定的思维和模式，也没有固定的法则。楚匠人时常能创作出夸张到离奇怪诞的作品，不由得让人怀疑是不是天外来客的密谋之作。

丘弭在楚王宫时，见到过一尊建鼓座就是这样的神来之笔，它由圆筒形底、六层三十二只纠结穿绕的圆雕群龙和中心的圆筒柱组成，其上装饰有鱼鳞纹并且镶嵌绿松石，大龙之身、首、尾又附加若干小龙。这个作品把制铜的技艺发挥到了极致，分铸、铸接、铜焊、镶嵌，让五棱体的龙身相互穿插缠绕，龙与龙之间盘绕巧妙、变幻莫测、生动有趣。整体上看，建鼓座宛若一团熊熊燃烧的火焰，要冲破世间一切阻碍，直蹿云霄。"鼓声

①丘弭为虚构人物。

战国建鼓铜座

三下红旗开，两龙跃出浮水来"，当鼓槌有力地撞击鼓面，那隆隆鼓声仿佛惊醒了群龙，它们或仰或伏。可以说，视觉与听觉在这件器物上达到了完美统一。

整体上，楚地匠人制作的器物与中原、吴越之地明显的区别就在于造型和纹饰的夸张性和复杂性。无论是青铜器、丝织品、玉器，还是漆器，楚人都竭尽全力制造出让人眼花缭乱的效果。楚国玉器在造型上大胆运用曲线，具有极强的装饰色彩。楚王城里的贵族们喜欢以玉璧、玉璜、玉佩来显示他们高贵的身份，其图形、纹样就无不是由曲线构成的飞龙在天形象。而漆器以竹木为胎，比坚硬的材料要容易处理得多，这便给了楚人更加任性的创作空间，致使楚地漆器的图案甚至比青铜器更为光怪陆离。如丘弭在一场宴会上所见的彩绘龙凤纹木雕漆豆便是如此，且不说它布满全身并分为十余层的复杂纹饰，单是盖顶的龙纹浮雕和古怪的兽面形双耳就足以让其他工匠叹为观止，其雕工之烦琐为各国漆器中所罕见。

不过，作为匠人的丘弭心里也非常清楚，崇尚繁复并非楚人的唯一审美，在创造"复杂"的同时，他们也注重对细节的把握，比如每一个青铜雕饰的折弯，每一根丝织面料的绣线，以及每一刀玉器纹饰的刻画都经得住仔细推敲和审视，这些无不让丘弭和其他皋亭山的匠人们感到吃惊。

楚人这样的审美情结也是由多种因素造成的。

楚人的性格温柔中带点刚强，所以多以俊秀柔和为

战国彩绘龙凤纹木雕漆豆

美。其中，对曲线的青睐与楚地的自然条件有关，温润的气候、肥沃的土壤、多样的植被、充足的水源，难免让人养成顺应自然的阴柔性格，水流的动势也会影响和启发楚国匠人们在艺术创作中的偏好。比如，楚匠人们的作品除了给人以阴柔之美的表现外，也有对自由奔放的渴望，他们在造型、纹饰上青睐直线和曲线的结合，在色彩上喜欢红与黑的搭配。曲线内含张力、暗藏势能，由曲线和直线组成的图案往往龙飞凤舞、狂放不羁，给人言已尽而意无穷的无限想象空间。

他们的审美也可能与先辈熊绎的创业立国息息相关。很早以前，楚国的先人们穿着敝衣、坐着柴车，带领大家从山林草莽之地走出来，形成了锐意进取、自由拼搏的精神。楚国大才子屈原在《楚辞·九歌·大司命》中的描写，还能让我们想象到祭坛、庙宇、魑魅面具之下的灵祝歌舞和楚风商颂飘摇萧索的巫蛊乐歌。诸如此类，在楚文化中不胜枚举，楚国艺术作品自由奔放的气韵也正与其相一致。在如今看来，如此现代，如此狂野放肆、不拘传统就是楚人创作精神中无法抹去的颜色。

过去皋亭城虽有楚国商贾往来，但带来的都是一些民间常见的商品，只是在楚王城里，丘弭才发现，虽然楚、吴、越三国早期文明传承相近，但今时今日，越国与楚国匠人的开拓能力和工艺水平早已相去甚远……

彼之英雄

　　快要立春的时候,天气还很寒冷。天刚蒙蒙亮,皋亭山驿站外疾驰而来一队兵马,五个穿着楚军兵服的人风尘仆仆的,不待马站稳就跳了下来……

　　皋亭山位于浙江水域北端,自西向东北绵亘数十里,其东部属浙北平原,地势低平,土地肥沃,四周水资源丰富,河网湖泊密布,是一个宜农宜渔的好地方。

　　今年年景不错,开春之后雨水充足,放眼望去,田野无垠,地里新种的水稻郁郁葱葱。田间三三两两的农人在忙碌农事,只在路旁有车骑经过时才停下活计,直起腰来眺望。

　　项梁骑在马上看着那些农夫,眼见稻子长势喜人,农事也没有被耽误,他便转头对身边骑着白骡子的丘弭道:"自固陵一路过来,看来这皋亭并不是丘玉尹所言的那般残破。"

　　丘弭正是当年制作素光水晶杯的丘沙之后,因家族世代在大遮山下生活,越亡后族人们也没有随越国贵族南迁。近些年,原各肆各坊的主事开始受封楚国官职,而丘氏一直是皋亭城刮摩司的主事,自然也就得了个掌管玉石的差事。

丘弭道:"项将军,皋亭的人烟如今已不如过去稠密了,更别说同会稽城周边相比。"随即他又将下巴抬起,用手指着近处几位农人说道:"将军请看,值此青黄不接之际,田中农人面有菜色啊!"

项梁只得道:"毕竟是边县,过去百年间还遭到了数次较大的兵祸,为了前线,百姓又常常受征召服役,或是将大半粮食低价售给官府,没有太多积蓄。楚人驻防后,怕是有不少人跑到会稽、槜李去了。"

这时候有楚兵来报,说不远处有一个可以歇脚的小亭驿。这亭可不是传统意义上的亭子,而是战国时诸侯国普遍设置的基层治安单位。它最初只在两国边境设置,慢慢也普及到了内地,职责是警戒道路和盘查过往行人,非要用后世的机构来比的话,就像是乡村派出所。有亭必有驿站,驿站不但同样有治安功能,也有接待过往官吏、给远行百姓提供住宿的责任。

来到这个亭,意味着他们已经正式进入皋亭山地界了,再走二三十里就能到达目的地。不过现在太阳正毒辣辣地照着,马儿也需要喝点水,于是项梁就令众人在此停留,也顺便跟亭里的人打听点当地的事。

这座边县小亭显然是小型、简陋的,只有一个老亭长,统共两个亭卒在里外照应,兼顾人和牲口。房舍早已破损不堪,东歪西斜,到处是亟待修补的漏洞,幸好天气不错,要是赶上雨雪天气,这地方根本起不到遮蔽风雪、阻挡寒流的作用。

也不知多久没见过这么多人歇脚饮马了，眼看着百余人全是生面孔，武士一个个披甲带剑、气势汹汹，亭中三人先是被吓了一大跳，紧接着立刻就将亭门给关了。那白发苍苍的老亭长站在围墙里，警惕地打量他们，用颤抖的声音问他们是何人，要到哪儿去。

项梁等人大笑起来，觉得这乡野老匹夫没见识、胆子小。丘弭倒是没仗势欺人，按照惯例将通行符节交给他们看，并表明了自己是从寿春来，去往皋亭山，只是没说是这里的封君。

那两个亭卒闻言，再看领头的贵公子气度不凡，胯下良驹又价值不菲，知道定是贵人，这才忙不迭地开门相迎，温汤的温汤，打水的打水。

歇息的当口，项梁也不时对恭恭敬敬端着温汤来献的老亭长发问，诸如他年寿几何，儿女是否在家中，今年的收成如何，等等。

老亭长为人谨慎，随便答了几句就借口告辞了，说是要去城里通报。而另外两个亭卒却眼热这群人的富贵打扮，对贵公子们毫不吝啬的赏金也是垂涎三尺，项梁想知道的事情，他们便知无不言，统统如竹筒倒豆子般说了出来。

楚怀王、楚顷襄王接连败家

楚威王时期的楚国，应该是楚悼王之后楚国国势最强的一个时期。楚威王东征越，西伐巴，南拓五岭，北攻强齐，楚国的国力在他的运作下已经算是到了战国时期的巅峰，国富民强，带甲百万。也是这个时候，秦国完成商鞅变法，如同坐上火箭般快速在西方崛起，楚国就这样走到了历史的十字路口。

虽然楚国朝堂是由屈、景、昭三个政坛氏族所把控的，但是楚威王也培养出了昭阳、景翠等一批有能力的将领、大臣，并将他们都留给了继位的楚怀王。早期的楚怀王也曾励精图治，会破格任用贤人，三闾大夫屈原就是其中的一个。三闾大夫是楚国掌管宗庙祭祀和贵族子弟教育的一个职务，文学才能突出的屈原在这个属于文化教育系统的岗位里表现突出，在一次楚人的祭祀活动中，屈原创作的《九歌》正式上演，作为重要嘉宾的楚怀王亲切接见了主创人员，并被这位年轻人的才华所征服，这也让屈原一炮而红，仕途崛起。可是，令屈原这么一个文艺青年至死也没想到的是，他向往的生活也只存在于《九歌》里。

数十年前，魏国来了个叫吴起的狠人，一顿操作猛如虎，不仅从楚贵族手里抢了奶酪，还把人家发配到偏远的地方去开荒种田，一轮变法后团灭了楚国的七十多个家族。所以，能活到楚怀王这一朝的，都是大难不死侥幸活下来的。屈原也想要变法，但是大家商量后，决定不能再像吴起那时一样搞变法了，于是反对派们群起而上，终于让已经被搞得神经衰弱的楚怀王下令，免去屈原的职务，但仍保留他原职务的待遇。

战国之世，除秦国历代国君都堪称圣主明君之外，六国都是昏君频出，而楚怀王也正是其中"杰出"的代表之一。

原本楚、秦两国有很多相近之处，如自建国起就被中原各国看不起，有"南蛮"和"西戎"之称，因此两国之间也算是惺惺相惜。而且公元前506年，吴国以伍子胥、孙武等为将，对楚国连战连胜，当时的楚昭王连建都二百多年的都城也丢了，楚人申包胥连续七天七夜吃不下饭，睡不着觉，只是哭个没完，哭得秦哀公也有些心软了，便出兵帮忙赶走了吴国。所以，秦国是有恩于楚国的，算上当时的秦宣太后也是楚国人，秦楚之间本应有很好的感情基础。

直到公元前313年，"诈骗犯"张仪来到楚国，狠狠地坑了楚怀王一把，称："楚诚能绝齐，秦愿献商於之地六百里。"在丰厚的诱惑面前，楚怀王断绝了与齐国的盟约，齐王大怒，迅速转与秦国结盟。就在楚怀王兴冲冲地派人跟随张仪前往秦国兑现土地时，张仪却背信弃义，对楚国使者狡辩道："仪与王约六里，不闻六百里。"直指是楚怀王听错了。

于是，到了公元前312年，两次史诗级大战在秦、楚间爆发了，在秦国早有防范的情况下，以楚国在丹阳、蓝田的两场战役完败而告终，楚军损兵折将，还失去了汉中，秦军则穷追猛打，使得楚国又连丢数座城池。在整个丹阳、蓝田之战中，楚国损失兵力总计超过二十万，自此一蹶不振，只能穷于应付各种国际关系，在列国争战中也只有招架之功，而没有还手之力。秦、楚双方原本的势均力敌明显发生了变化，进入了秦盛而楚衰的局面，楚国由强大走向弱小，从崛起走向衰亡，由完全的大国转向了混乱和衰败。

在这两次战役中，楚国还丢失了两座重要的城邑，使得南阳门户大开。不过，楚国毕竟是疆域最大的国家，恢复能力令人惊叹，六年后楚国消灭越国可谓失之东隅收之桑榆。但是十年后，在齐、魏、韩三国因楚国背叛合纵盟约而讨伐楚国的战役中，联军轻松地进入了南阳，给了楚军致命一击。虽然楚怀王让太子熊横入秦为质以求得秦国派军救楚，但此时的楚怀王已经里外不是人——秦国从心里恨他，中原各国又认为他是叛徒，楚怀王的日子越来越不好过。自此，楚国彻底沉沦，大国雄风一去不复返！

楚怀王的前半生算是楚国的中兴之主，他在襄陵大破魏国军队，夺取了魏国的八座城池；为了控制秦国的东进，楚怀王还做过六国合纵的带头大哥，并趁秦国"季君之乱"，灭掉肘腋之患——越国，将疆域扩大到海边。但楚怀王的后半生却如坐过山车一般，在上到至高之处后跌落，在秦国身上他被骗了三次，把楚国的老本都输得一干二净。

后来，秦国在软硬兼施和军事威逼的情况下要求和楚怀王会盟，楚怀王虽然怕被骗，但楚国国内亲秦派的势力实在太过强大，连他的小儿子子兰都是其中的代表，也就是他这个好儿子一手将他送上了绝路。楚怀王最终被秦国软禁在了咸阳，郁郁而终。

楚国，经过历代君王的开疆拓土，地域广阔、资源丰富，却因楚怀王后期的昏聩无能导致日益衰败，之后与各国交战屡败，又割掉了一些领土，丢掉了一些城池，楚顷襄王也没想着止住这一不利态势，还是觉得"没什么大不了，楚国还大着呢"，继续耽于享乐，淫逸奢靡，消极应对，最终让楚国陷入旋涡中无法自拔，自此苟延残喘，不复当年之勇。

登高，志在顶峰

公元前 225 年，强横不可一世的秦王政已经灭掉了韩、赵、燕、魏四国，遂命秦将李信带领二十万大军进攻楚国，项梁之父项燕作为楚国的上柱国，自然成了楚国抵抗秦国的总指挥。

秦将李信先进攻平舆，蒙恬则攻击寝丘，大败楚军。李信再攻鄢郢，然后率军西进，准备到城父与蒙恬的队伍会合。

项燕深知，大军在广阔平原作战，不能将军队陷入秦军的包围之中，于是就以少数部队分置于边界要点来监视秦军，而主力则被安排集中于寿春以北之淮河北岸地区，准备在秦军深入前，行进纷乱之际迎击。经过三天三夜不停歇、不休息、不间断的骚扰，项燕终于等到了李信一部孤军深入的机会，在李信的兵力陷入前后分离状态时，项燕趁机集中主力大举反攻，李信军猝不及防，大败而逃，退出楚境。就这样，秦始皇的第一次伐楚战争失败了。

而二十万军队的败绩并不足以动摇秦国的根基，这场关系国家生死的战争可以说才刚刚开始，更惨烈的还在后头。

项燕接秦王城的探子回报，秦王嬴政亲自前往频阳请王翦出山，重新拜其为大将，且在这之前，王翦就告诉秦王，灭楚至少需六十万大军。与六十万彪悍勇猛的秦军决战意味着什么？或许，借着之前战胜李信的旺盛士气，暂且保全国家吧。

项梁就是受父亲项燕的任命到各地征调兵源的，而固陵、皋亭一直是连接旧时吴越之地的军事要塞，自然就成了本次征调的重要之所。

一条小径沿皋亭山脚向山顶延伸，它依着皋亭山谷，穿过树林，盘旋曲折而上，像一条浅色的带子缠绕着翡翠般的山峦。小径狭窄，无法坐竹辇，项梁、丘弭二人鸡鸣前就起身了，一前一后向山上行去。

快到山顶前，丘弭向东方望去，天际已经浮起了一片鱼肚白，山间的晨光没想到来得这样迅速，了无声息，在晨风的吹拂中，皋亭山似是在慢慢地苏醒。

不过，丘弭却无暇观看这清晨的山景，由于近日随项梁四处奔波，受了风寒，这时的他已经累得不行了。皋亭山并不高，但湿滑的山路却极不好走，不像项梁一生戎马，丘弭一路行来好几次差点滑倒滚落下去。丘弭也暗自后悔，昨天自己为什么要提一嘴来看日出，不过没办法，只能咬着牙往上爬。

好在，于一片山鸟禽雀宛转的鸣叫声中，他们终于登顶了。

"可算是到了……"丘弭扶着一棵松树，也不顾树汁粘手，在树下的石头上坐了下来。

项梁笑道："丘玉尹，你这身体真的太瘦弱了，这才半个时辰不到，便两腿发抖，直不起腰来。"

丘弭倒是没说什么，只是微微露出笑容，也没气力再理会，他的喘息慢慢舒缓下来，抬起头，看到已经渐渐通明的天空中，苍鹰在峻峰间盘旋，傲然俯视着空旷幽谷中的丰草奇石。

丘弭取出一只素光水晶杯，倒了一杯水，双手奉送到项梁眼前。项梁并未细看，拿起便喝，许是跑得久了真的是有些渴，把那杯水一口就喝了个底朝天。

"太阳就快升上去了。"丘弭说道。

只见红日像一炉沸腾的铁水，喷薄而出，金光耀眼，东方的满天红云和满海金波映衬着水雾缭绕的皋亭山，使整个皋亭山笼罩在云蒸霞蔚之中。

此时，项梁手中的素光水晶杯好似活了过来，被染成绚丽奇美的金黄色，项梁周遭被各色光环抱，就似在百丈高的苍山之巅戴上了一顶金顶子，宛若仙境。

"这，真是壮丽！"项梁惊呼。而丘弭看着那已经升起大半的太阳，一时间心旷神怡，连疲累都忘了。

"这便是皋亭城至宝，素光水晶杯。"丘弭抿了下嘴，手撑在额头上遮阳，神色骄傲。这是他丘家的绝技，虽然他已经无数次见过这美景了，但也不妨碍他向外人炫耀。

"真是不虚此行。"项梁心不在焉地回答，他的眼睛从越升越高的太阳处移开，回首南望，只见视野开阔，山脚下的稻田如波如浪，河道纵横，波光粼粼，流金溢彩，朝着东南方奔流而去。在这里，皋亭城尽收眼底。

这就是浙江北岸最为繁华的工商业城市，周长近十里的皋亭城。

皋亭城那令丘弭家族闻名的繁华市肆，也刚刚开始新一天的贸易，无数楚国新人和吴越旧人们又将继续他们一如往常的普通生活。眼看他起朱楼，眼看他宴宾客，眼看他楼塌了，这青苔碧瓦堆，俺曾睡风流觉，将五十年兴亡看饱……

丘弭迈步走到山崖边，朝着天空高喊道："与天地兮比寿，与日月兮齐光！"

只可惜他不知道的是，两年后这一切都将不复存在，这个城市里一半的青壮年将死于寿春，皋亭城也将再次易主。

皋亭山顶上，二人的身形定格于此，他们是这个新时代勃然升起的朝阳……

公元前224年，秦王重新起用老成持重的大将王翦，并按其要求调六十万秦军攻楚。能够在损失二十万大军后，又迅速调动六十万大军，足以说明秦国国力的强盛了。

就这样，王翦率领六十万大军发动了灭楚战争，当然楚国也毫不示弱，进行了全国总动员，出动四十万大

第七章 万物皆可互变

王翦

军迎战秦军，仍是由项燕统率。

可是，王翦这次攻楚却没有按剧本走。他攻占了楚国陈至平舆一线后，立刻停止进攻，就地驻扎，修筑堡垒。从先前攻打李信军就可以知道，项燕最擅长的是运动战，尤其是后来的项羽，将爷爷的风格发挥到了极致。而项燕最不擅长的就是打攻坚战。六十万秦军每日躲在修好的防御工事后，四十万楚军只能干瞪眼。王翦的战术意图很明显，就是不与楚军硬碰硬，秦国财力雄厚，耗上个一年半载没问题，而楚国国力远弱于秦国，耗上一段时间，四十万人的后勤补给一定会出问题；这个战术绝对是想要拖垮楚国。

急于速战速决的项燕不停地挑衅秦军，可是秦军就是坚守不出。随着时间一点一点地流逝，吃好喝好的秦军日夜操练，而楚军的后勤补给果然越来越困难，此时四十万楚军的处境像极了长平之战中的赵军。

僵持了很长时间之后，四十万楚军的补给已经开始吃紧，项燕就决定在后勤崩盘之前率楚军赶紧撤离战场。

而当项燕终于下令撤军的时候，与楚军对峙多日的王翦瞅准时机，下令全军追击。正处于撤军途中的楚军连阵形都没有来得及展开，就直接被秦军冲散了，项燕也在乱军之中战死。

楚军主力被击溃，秦军兵锋直指楚国首都——寿春，并俘虏了楚王负刍。楚国灭亡，时为公元前 223 年。

第八章

沧海桑田见钱唐

引　子

　　公元前 770 年至公元前 221 年，华夏大地上经历了一段长达五百四十九年的乱世，史称春秋战国。历经了这五百余年的纷乱、痛苦、探索和选择后，杭州以"钱唐"这个名字首次出现在了史书当中，它符合钱塘江流域所孕育出的群体重于个体、整体重于局部、乱一隅而痛全身的大河文明生存发展的需要，而这一点只有"共饮一江水"的上下游人群之间，在历经长期纷争和痛苦之后才有深切体会。

"物勒工名"制

《吕氏春秋·孟冬》：是月也，工师效功。陈祭器，按度程，无或作为淫巧以荡上心，必功致为上。物勒工名，以考其诚，工有不当，必行其罪，以穷其情。

历史总是以惊人相似的面目进行重演，哪怕跨越了千年万年，都能给人以启示。春秋战国时期为后世的中国留下了丰厚的历史文化遗产。因此，很多人对这段历史充满兴趣，对其中的人物和故事津津乐道。我们怀念和感激那个时代，它将数百年痛苦思索所获得的思想观念、思维、行为和政治模式，表达方式，以及独具特色的生存智慧，注入了我们民族和社会的肌体，并反复重演，成为我们的文化基因。

作为一个特殊的历史时段，春秋战国对杭州也产生了深入骨髓的影响。它深深影响了后世钱塘江流域的社会和人的思想观念、思维方式、行为方式、政治统治模式、博弈模式和语言表达方式，相当程度上促进了钱塘江流域各民族的绵延发展。

秦统一各国，建立了中央集权制度，在地方设置郡县，并任命官员管理。钱唐县就这样出现在历史的舞台上。

公元前 210 年，一支庞大的队伍乘坐舟师大船渡过大江，又漂在浙江之上，只见从南、北岸的固陵与皋亭驶出的船只络绎不绝，有的东行去会稽、鄞和句章，有的向西南到姑蔑，皆满载货物。原来，秦朝统一全国后，实行了迁徙豪富的政策，把关东各国的贵族、豪富分别迁徙到关中以及蜀郡各地。

周代，尤其是西周和春秋时期，官营手工业和工商业发展的基本制度是所谓的工商食官制度，指的是当时的手工业者和商贾都是官府管理的奴仆，必须按照官府的规定和要求从事生产和贸易。在这种制度下，周王室和诸侯都有归官府管理的各种手工业作坊，并属司空管辖。这些手工业作坊的各类生产者被称为百工，他们既是具有一定技艺的工匠，又是从事手工业生产的管理者。

而进入战国后期，秦人的私营手工业发展迅速，包括豪族富商经营的作坊、矿场，个体小手工业，以及地主、农民的家庭手工业等几个不同的组成部分。几百年来的工商食官制被打破之后，各地豪富、贵族为了广其产业，蓄养了奴婢和一部分依附他们的人口，或是让其从事家内劳动，或是让其从事生产劳动。

于是，这些迁徙的豪商大贾到各地后一部分就重操旧业，冶铁煮盐，主要使用奴隶进行生产劳动，生产规模相当大。而当地的个体小手工业者则多从事陶瓷制作、锻打（金银器、铁器）、漆器制作、木器制作、制车、纺织、制作鞋帽、制盐、制酱等小手工业，他们拥有少量生产资料，自己制造产品，自己销售，其身份地位类似于农村中的自耕农民。在农村中还有一些闲散的手艺人，他们是农民中具有某种手工业技术专长的人，他们自己没有生产资料，也不参加销售，只是受人雇佣，利用农闲时间为人帮工做活，其地位类似于农村的雇农。至于农民的家庭手工业，当时"男耕女织"已成习俗，主要生产布帛。

大遮山下，与以往相比倒是没有什么大的变化，只是多了许多秦兵在往返巡查。秦国之所以能在这乱世之中统一六国，靠的就是健全的法制，号称"事无巨细，皆有法式"，尤其是在工匠管理这一块，以及在质量检验标准上十分严格，有最早的质量倒查及问责机制。

"物勒工名"就是当时的一种责任制。这四个字的意思是，为秦军制造工具、武器的人，就要把他们的名字刻在工具、武器上面。这样做的目的是，一旦出了问题，可以倒查到责任人；如果责任人死了，那么责任也将由他的后人承担。可见，"物勒工名"既是制造者的荣誉，也是制造者的紧箍咒。

而军工制造，除了追求质量外，更追求标准化。标

物勒工名

准化是质量的最佳保证，工匠精神又是保证标准化的关键，一就是一，二就是二，不能在一与二之间。秦军装备能实现标准化，也是因为所有武器的制作都有相关法令要求，制作出的武器若达不到法令要求，工匠必然会遭到重罚。武器是军人的第二生命，如果在战场上兵器出了问题，那么军人很容易被敌军斩杀。而如果武器制作标准化了，在战场上更换武器就会十分快速，时间就是生命，早点完成兵器的更换意味着有更大的存活几率，也更容易获得成就。

秦国在社会生活、生产的方方面面都依法办事，因此实现了标准化生产，保证了产品的质量，同时秦人又有着深入骨髓的工匠精神，二者相辅相成，进而保证了秦军强大的后勤供应能力。

始皇帝脆弱的丰功伟业

《汉书·贾山传》：秦为驰道于天下，东穷燕齐，南极吴楚，江湖之上，滨海之观毕至。

从公元前770年周平王东迁洛邑开始，天下有了数百个大大小小的诸侯。直至公元前221年，秦王嬴政统一六国，四海归一。在这场统一战争的背后，却是无数推动历史车轮滚滚向前的普通秦人，他们冒死杀敌只为让家人能过得更好一点。他们也许只是历史长河中微不足道的一粒尘埃，没人记得他们的名字，但正是无数的毫不起眼的尘埃，造就了一个来自"西戎"的强大军团。对于秦国这样的国家，无数的小民就是它坚实的基础。

可是秦王嬴政觉得自己已经实现了大一统，应该跟大伙不一样了，还叫"王"的话是不是不够分量？于是，为了给他找到一个可以彰显其伟业的字眼，秦臣李斯和冯劫讨论，认为秦王嬴政"兴义兵，诛残贼，平定天下"的功绩不仅超过了过往所有的秦王，还是"自上古以来未尝有，五帝所不及"的，于是援引了古代三皇的尊称。但对此，秦王嬴政只保留了一个"皇"字，琢磨过后自己又在后面加上个"帝"字，这才有了"皇帝"的称呼。就这样，他成了中国历史上的第一个皇帝，后来"皇帝"

一词响彻中华大地，成了各朝各代一把手的专有名称，其他人要是敢这么称自己，那就是找死！

两千多年以来，在大家的心目中，秦始皇是一个既熟悉又陌生的存在。他性情暴戾、喜怒无常，被后世所诟病；他大兴土木，修长城、修阿房宫、修始皇陵、修驰道、开发五岭，最终将国家拖入了崩溃的边缘，也正是这些大型工程，加速了秦帝国的灭亡。那他是不是暴君？

可以说，秦始皇是对中国历史发展有巨大贡献的杰出历史人物，同时也是一个残酷的暴君。他的功绩虽是主要方面，罪恶也是深重的，但这些罪恶并不能抹杀其巨大的历史功绩。

要说这秦始皇是千年一帝，他还真是对得起这个称呼的，车同轨、书同文、统一货币与度量衡，这一系列影响深远的政策都是由他完成的。在这之前，各个小国都有自己的文字，交流起来很不方便，而统一文字的最大功绩就在于文化统一、思想统一和凝聚力统一，这让中国有了真正意义上的国家雏形，为日后中国版图的发展奠定了坚实的基础。

在中央，秦始皇设置了"三公九卿"，使之相互配合，相互监督，总管全国的政治、军事、监察等事务。地方上，他废除了分封制，实行郡县制度。该制度的依据是中华大地独特的政治地理环境：黄河、长江和两湖流域是我国早期文明的中心，这些地区多开阔的平原和丘陵，气候温暖湿润，适宜农业生产和人居，铁器的应用又促进了生产力的迅速进步，剩余产品大量增加，可以支持更大规模的军队和人口，为国家提供牢固的经济基础，但是这么大的国家不可能由皇帝一人独治，只能派遣官吏代表皇帝去统治一方。就这样，秦始皇建立的制度使中央到地方形成了一种严密的金字塔式的政治架构。同时，他又制定了严峻的法律来保证这些政治制度得以实行，加强对全国的统治，把行政大权牢牢掌握在中央，掌握在皇帝手中。

但是，问题也恰恰隐藏在这些制度里。从商鞅变法到统一六国，秦国施行郡县制也有一百多年了，到公元前236年正式发动统一战争前，已经有了十五郡。统一后，发展成了三十六郡，分别是内史、汉中、北地、陇西、上、太原、河东、上党、云中、雁门、代、三川、邯郸、南阳、颍川、琅邪、薛、东、辽西、辽东、上谷、渔阳、巨鹿、右北平、九江、会稽、鄣、砀、泗水、齐、九原、巴、蜀、黔中、南、长沙，这其中有二十一个郡是新征服的领土，这些地方的百姓和贵族们从心里不会认同自己是秦人，只要时机合适，迟早会起来造反。以秦统一前的十五郡来承载秦国全天下的重量，一定有崩塌的危险。

秦始皇心里也很清楚，被武力征服的东方六国的百姓和贵族们，打心里是不会臣服于自己的。于是，他想到要进行一场声势浩大的全国巡察，来彰显自己的威仪，还要对各国暴乱分子进行一次大清扫，从而达到巩固皇权、加强统治的目的，当然这也是安抚民心、顺应民意的一种行为。

进行了一系列制度建设之后，秦始皇开始了巡视天下之旅。虽然当时没有飞机、高铁等交通工具，但有完善的驰道由咸阳向外辐射，通往各处。秦始皇所创造的驰道系统可以说是前无古人、别开生面的，其巨大的规模不仅奠定了后来西安的交通基础，而且对于其后的洛阳、开封、南京、杭州和北京都有一定的影响，其中西安、洛阳、北京以陆路交通为主，而开封、南京和杭州的水上交通则占有重要地位。

秦始皇的最后一次出巡

《史记·秦始皇本纪》：三十七年十月癸丑，始皇出游。左丞相斯从，右丞相去疾守。少子胡亥爱慕请从，上许之。十一月，行至云梦，望祀虞舜于九疑山。浮江下，观籍柯，渡海渚。过丹阳，至钱唐。临浙江，水波恶，乃西百二十里从狭中渡。上会稽，祭大禹，望于南海，而立石颂秦德。

近日里的皋亭城可是有建置以来最热闹的了，据传始皇帝在左丞相李斯和小儿子胡亥的陪同下，将第五次出巡东南。他们从咸阳出发，沿驰道东南行，经云梦，在那里遥祭了葬在九嶷山的虞舜，而后乘船顺长江东下，经过丹阳进入今天的苏南地区。苏南地区在那时还是一片低洼的沼泽地，港汊交错，河道纵横，始皇东巡的船队就循着内河，经过今天的湖州、皋亭山的阼湖，到达了钱唐。

秦始皇缔造了不朽的千古伟业，让中国大地在世界版图上呈现出一个统一的大帝国的同时，也在历史上写下了专属于他一个人的时代。

在施行郡县制的过程中，散落的各个民间百家私学机构的学士得知要改革的消息，利用舆论影响抨击嬴政的政治举措，丞相李斯就给秦始皇分析："百家学士故意反对你，不过是为了贬低你，宣传自己的学说主张，长期这样发展下去会对你的威望造成影响。"秦始皇于是采纳了李斯的意见，只允许保留官方指定的《秦记》和有关医疗、农业的书籍，其余文献一律收缴烧毁，有敢私藏、讨论禁书的人都要被处死。而为秦始皇炼药求长生的侯生和卢生二人为了保命外逃，煽动外面的方士和儒士到处传播秦始皇刚愎自用，贪于权势。秦始皇一怒之下就圈定了四百多个方士和儒士，将他们活埋。这就是焚书坑儒事件，也是秦始皇压制底层舆论，控制人民思想的一种专制暴政。

大秦帝国国势的恶化，也是因为暴政。秦始皇大兴土木，同时开启数个大型工程，所有的工程几乎都是前后脚，接连不断展开的。如秦始皇灭六国后的第二年，即公元前220年，他开始营造富丽堂皇的阿房宫，并发动十万民夫整治江南的邗沟，以及山东的济水运河；又过了一年，也就是公元前219年，他征发四十万工匠、民夫整顿道路系统，修筑了连接中原以及南方的驰道；公元前218年，他的骊山墓葬群就开始修筑了，一个秦始皇陵调动了七十万民夫；公元前215年，收复河套平原后，为防御北方游牧民族的侵扰，秦始皇再一次一口气征发四十万工匠、民夫修长城。

从作用上看，开凿运河、修整驰道、筑造长城这三项大工程对秦国未来的发展都是有很大好处的，出发点是好的，但问题就出在了间隔时间太短，都发生在短短几年里。当时全国的人口才不过两千万，连续征调一百多万匠人、民夫，相当于全国三分之一的青壮年被秦始皇拉出来干工程了。年轻人都去干工程，没有足够的壮劳力种地，国家经济生态遭到严重破坏，导致国家的收入大打折扣。

而南方越族此时还没有归服，秦始皇还要不断征兵讨伐。就这样，秦地干活的匠人、民夫刚忙完就被调到中原，在中原干完活后还是不能回家，又被发配到了南方地区，常年得不到休整。离乡背井本就是件痛苦的事情，匠人、民夫开始怨声载道也就很自然了。立国之初，本该是最需要休养生息的时候，但是秦始皇却一直做着大动作，折腾不止，超过了这个时期底层人民的承受力。老百姓只知道天下统一了，但希望的好日子并没有来临，皇帝还逼着他们干更苦更累的活，对秦始皇的愤懑也就这样一天一天地积攒起来了。

秦始皇在世的时候并没有意识到自己的错误，相反还很扬扬得意。除了工程、征伐，他曾多次出去巡游。此时国家初定，各地人心惶惶，巡游可以起到安定人心的作用，稳定国家大局。就在秦始皇雄心勃勃展开他的宏图大略的时候，他不知道他的人民已经被榨干了，他的帝国也摇摇欲坠。

无论是古代王朝还是现代文明国家，它们的内外政策都好像是天平的两端，只有天平保持平衡，国家才能保持长久的稳定，一旦民力使用不当，内外政策失调，国家就会立刻陷入分崩离析之中。而在秦始皇时期，他的政策是在天平的两端都拼命地加砝码，结果就是整个天平的断裂。

各地对秦始皇的反抗已经陆续开始了，而且刺杀他的次数日益增多，但是他自己却到死也不悟，还是四处巡游，耀武扬威。几次的"大难不死"也没有给秦始皇带来多少"后福"，五十岁的秦始皇嬴政终于死在了此次东巡的路上。生前威风凛凛、不可一世的千古一帝，至死也没有想到他以及他的后代对帝国的控制力那么脆弱，秦帝国在他死后迅速解体，而其实，秦帝国的气数以及他个人的气数，早被透支干净了……

第八章 沧海桑田见钱唐

一抔黄土一归葬

"皋亭还是没什么变化啊！"

时隔多年，丘弭再次行走在皋亭城玉匠坊内，只见从码头到玉尹官邸，再到坊内园，依然是数不清的匠人杂处其中，他们或三三两两地聚集在一起争辩议论，或翻看着案上的玉料，那认真的态度跟丘弭离开时几乎一模一样。这就是玉尹府匠坊，虽与外面乱世仅一墙之隔，但是时间仿佛静止了的地方。王侯将相的更替、城头旗帜的变换几乎都影响不到此地匠人制作的热情。

眼看天下一片混乱被刚刚平定，但近年所见的"狗彘食人食而不知检，涂有饿莩而不知发"，死者填于沟壑，生者四散流离，不好的事情层出不穷，人的本性究竟是善是恶？而人性善恶，天下何去何从，匠人们不是太关心，那是读书人和贵族们该操心的，匠人们寻求的只是潜心笃志，精雕细琢。

当年丘弭与皋亭山城高县尹[①]相交甚深，高县尹临终前还对守藏室里的几件至宝以及从楚国带来的琉璃、玛瑙等物品念念不忘，并特别嘱咐要用那只素光水晶杯陪葬。高县尹的家人悲痛之余着手修建墓葬，丘弭也参与

[①] 高县尹为虚构人物。

第八章　沧海桑田见钱唐

水晶杯及原始瓷出土现场

水晶杯出土现场

其中。

　　由于楚人有"事死如生，事亡如存"观念，因此墓葬属于楚人极为重要的礼制范畴。高县尹的墓葬位于皋亭山西麓的一处小溪坞，是一座有斜坡墓道的土坑墓，它坐西朝东，面向皋亭城的方向，按楚人制呈甲字形排列。

1990年半山战国一号墓周围地貌情况

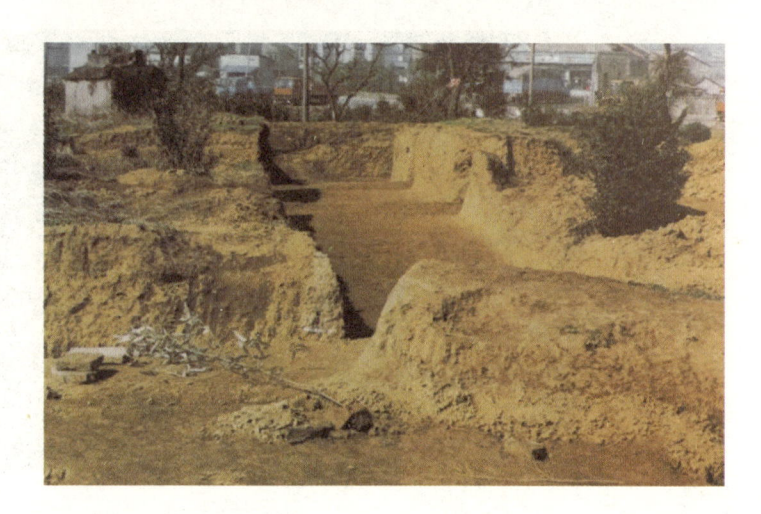

1999年半山石塘古墓群发掘现场

墓坑垂直，按秦制墓底东西长五丈有余，南北宽约二丈，深不足四尺，墓坑壁面及墓道两侧皆被拍打得平坦光滑，墓坑四壁有熟土二层台，墓室内各处铺有防潮木炭碎末，两侧还各有一排水沟。

刚开始，於越文化的埋葬理念为"地上建墓，封土

第八章 沧海桑田见钱唐

半山石塘战国一号墓全景

掩埋"，因此墓葬主要分为土墩墓、土墩石室墓和竖穴或岩坑式墓三种形制，以土墩墓为主。据墓葬规模、形制及随葬品的丰富程度分成大、中、小三个等级，中型以上的墓葬以单体墓，及运用石材营建石床、石框等石构基础为最显著的特色。

1999年半山石塘战国墓

　　春秋早期，於越开始流行使用土墩石室墓作为墓葬形制。春秋中晚期，於越人的文明进程加速，高级别的墓葬开始使用竖穴土坑墓形制。

　　到了战国时，可能与越国灭吴之后进行的大规模分封制活动有关，於越人的墓葬出现了离心式的分散现象。

墓地选择周边有古水系、沟状遗迹或自然沟壑环绕的地方以形成独立的陵墓区。营建墓葬时先运用石材构筑起封闭的石结构墓室，再封土成墩。

战国后期楚灭越后，受楚文化的影响，越人墓的随葬品也丰富起来。这一时期，原始瓷制造业非常发达，日用器形以原始瓷豆、盂、盘、碗等盛食器为大宗，而高县尹墓室的前半部就放了一些陶瓷器，都是些县尹日常使用的器皿，如鼎、豆、杯、罐等。这些器物表面施釉，釉基本上是青绿色或者青黄色的，即青中泛绿和青中泛黄的颜色，透明洁净，有光泽，且便于洗涤。瓷的制作相较于春秋之前则有了长足的进步，其烧结性能和器表施釉等方面均有很大发展，器形规整，釉色青黄，釉层厚薄均匀，而烧成温度、吸水率、透气率等指标恰恰是瓷器和陶器的核心区别，因此有理由相信，原始瓷的出现实际上是陶器工艺进一步发展的结果。从质地上看得出来，高县尹的随葬品应是从苕溪上游火烧山一带各窑口选来的上品陶瓷器。

另外，此时大量精美的仿铜陶、瓷制礼乐器也进入了随葬品清单，在高县尹墓包的填土中就埋葬了三十多件原始瓷乐器，有甬钟、钮钟等。其中一件原始瓷甬钟为内空，衡有圆孔，甬部上、下各刻划蕉叶纹，间隔一周网格纹，斡外沿贴饰叶脉纹，钟正、背面各有枚十八只，九枚一组，甬钟的旋、舞、钲、篆及鼓正面均饰戳印纹，枚及鼓面部可见施釉痕。这些礼乐器随着高县尹一起去到另一个世界，继续陪伴着他。

闲暇之余，丘弭常与抟埴坊工匠交流，知道陶瓷器物是由龙窑烧制的，器种主要有直腹碗、罐、盘、碟、豆、杯、盅、盖等。以抟埴坊最早开始烧制的圜底罐为例，这种器物敞口、束颈、溜肩、鼓腹、圜底内凹、口沿内

战国原始瓷镈

战国原始瓷甬钟

第八章 沧海桑田见钱唐

战国原始瓷句鑃

壁刻有弦纹，器身拍印网格纹，胎壁厚薄均匀，质地坚硬，外壁施青灰色薄釉，器形简洁大方，线条柔和。再以数量最多的直腹碗为例，胎色灰，通体施青黄色薄釉，质地细腻坚硬，方唇，唇部有凹槽，口微敞，直腹，下腹略弧收，内底大，外底小，底部厚重，内底有多重螺旋纹，外底留有线切割痕迹，部分器物的内壁也有旋纹。它们多器形雷同，只是有大小之别，装烧时大小相套，除了叠烧最上件外，一般内、外底均有三个圆饼状的叠烧痕迹。后来除上述器种外，又开始烧制弧腹碗、盂、坛、瓿等，

战国水波纹原始瓷镇

战国青釉兽耳原始瓷鼎

战国青釉兽耳原始瓷瓿

直腹碗由方唇演变为尖圆唇，新出现外壁饰瓦棱纹、内底刻划水波纹的全新装饰。丘弭在会稽游历时，还曾见过拼埴坊制作的一种温酒器，也兼具礼器的作用，称为"青釉提梁盉"。此盉直口，深鼓腹，平底，下承以三兽形足，流为兽头状，壶体另一侧饰一卷曲短尾，提梁为弓形，顶部两端饰有锯齿形棱脊，肩、腹部饰以四道连续的水波纹。器物造型古朴端庄，施釉均匀，釉色青中泛黄，纹饰简洁明快，富有动感。使用时，作温酒用途，再将酒倒入爵或者觚中饮用。楚人入越后开始尝试制作钟、錞于等仿青铜乐器。

正所谓生逢战国乱世，除了刀光剑影，还有温良恭俭让；除了连横合纵，还有诗赋礼乐；没有楚地编钟，也可以自烧甬钟而代之啊！

与高县尹相伴的还有他最心爱的玉石器。其佩饰由玉、水晶、玛瑙、玻璃等混合组成，其中最主要的佩件是玉璜。琉璃饰件有圆形和长方形，表面有蓝色圆点和

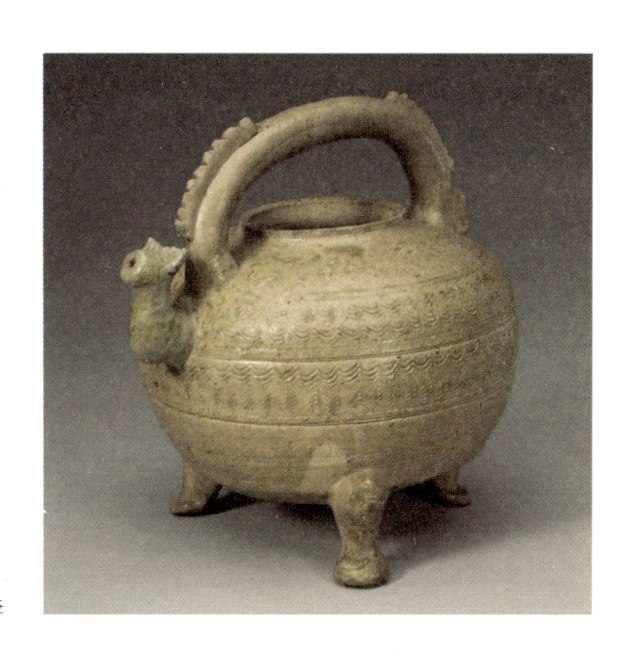

青釉提梁盉

白色圆圈组成的鱼目纹，有的还在鱼目纹外套以彩圈，称为"蜻蜓眼"。玛瑙环做工精细规整，器孔双面琢成敞口，断面近菱形，表面经过抛光处理，色彩各异。还有呈腰鼓形的玻璃管，有纵向贯通的孔。青玉勾云纹璧、青玉素光环、瑞兽形玉器……个个纹饰多变，颇具匠心。尤其是玉虎形饰和玉龙形饰，前者兽爪微拢，口微张，尾巴上翘，鼻目清晰可见，全身以卷云纹饰毛发；后者张着血盆大口，露出锋利的獠牙，目露凶光，犬耳后抿，曲身俯冲，栩栩如生，极富动感。

不过，最让丘弭不舍的还是祖上丘沙大师所制的素光水晶杯，就这样被一抔黄土给埋没了……

烁金以为刃，凝土以为器

皋亭山的百工技艺一直都是以世袭家传的艺徒训练为主，专业分工只按器物区分，如分为治剑的匠人、造车的匠人等。官营手工作坊生产规模较大，往往进行批量生产，因此也有可能在制作同一器物时，将生产工艺分解得更细，按专业安排生产和训练艺徒，如制造车舆的可分为制轮之工与制舆之工，其他器物的制造也可有此分化，因而官营手工作坊逐渐形成了大大小小三十个工种，大大提高了艺徒训练的专业化程度。这是家庭手工业父传子继所难以做到的。

在官营作坊中还设有工师，是原楚制下司空的属官，是工官的总名，他们是各种手工业制造的主管人，也是艺徒训练的师傅。具体到不同工种，还有不同的工师，比如匠师、梓师等。工师依据总体设计的要求对每道工序制定一套操作程序，并以此为依据对艺徒进行生产管理和训练。

官营作坊的生产，在细密分工的基础上，要求进行协作，出现了"一器而工聚焉者"的情景，即制作一个器物需要聚集数个工种的匠人才能完成。如制作一辆车，至少有六道工序，如果再加上装饰、油漆、彩画、马具、绳带等，工序就更多了。分工协作的生产要求专业生产规范化，工师也就是在这种生产实践中，总结和积累各门专业的宝贵经验，才逐渐形成了一定的规范。

如铜锡合金有六种比例：把合金分为六等分而锡占六分之一，叫作钟鼎之齐；把合金分为五等分而锡占五分之一，叫作斧斤之齐；把合金分为四等分而锡占四分之一，叫作戈戟之齐；把合金分为三等分而锡占三分之一，叫作大刃之齐；把合金分为五等分而锡占五分之二，叫作削杀矢之齐；铜锡各占一半，叫作鉴燧之齐。而治理金属的工匠，筑氏掌治下齐，冶氏掌治上齐，凫氏制作乐器，㮚氏制作量器，段氏制作农具，桃氏制作长刃兵器。这一生产规范表明，铸造不同的青铜器，应有不同的合金比例，称之为"齐"，而筑氏使用的是含锡少的"下齐"，冶氏使用的是含锡多的"上齐"。可见，合金比例不同会产生不同的性能，"六齐"就是世界上最早的对合金的认识，这与当时青铜冶炼技术的成熟很有关系，也与社会重视手工业生产规范训练和教育有关系。

当时并无科学的仪器设备来观察和控制熔点，全靠工匠的经验，这一技术经验就是数代工匠血汗的结晶，如此传授，形象直观，一目了然，易为艺徒掌握。

其他如制作乐器、弓矢等也都有精密的科学设计，说明西周时期的木工、金工、车工等工匠师傅都具有一定的机械学、力学、几何学等方面的知识和技能技巧。工师们在授徒时所采取的步骤，都是先易后难，让学徒反复练习，逐步加深，以达到纯熟的地步。就像有经验的冶铁工匠给儿子传授冶铁手艺，总是先教他学会用皮革制成鼓风袋；有经验的造弓工匠给儿子传授造弓手艺，总是先教他学会用柳条编成箭袋子；训练小马驾车，总是先用大马来带，小马跟在车的后头跑，将来驾车时，才不会惊恐。他们开创了古代官营作坊的艺徒训练等教育活动，对于提高手工业生产的技术水平，起到积极的作用。

可惜的是，几百年的匠制为秦始皇的疯狂买了单，大量的匠人、民工被征用，皋亭城的青壮年都被拉去修运河、修驰道、筑长城，三大工程将这里的百工坊掏了个空。

秦二世元年（公元前209年）七月，秦朝廷征发壮丁戍守渔阳，一支九百人的壮丁队伍路过泗水郡蕲县大泽乡遇雨受阻。陈胜和吴广也在壮丁之列，二人任屯长，属低级军官。连日来雷雨交加，大路被冲毁，四处泥泞不堪，壮丁们衣衫褴褛，全身湿透，泥污满衣，饥渴难耐，于是就在路旁树林间搭帐篷宿营，等待天气好转。

暴雨不但冲毁了道路，似乎也要杀死九百名壮丁。陈胜、吴广估计着，按时到达渔阳已经不可能了，依照秦律，九百壮丁都要被斩首。是老老实实地等天气好转，再跋涉千里北上渔阳，规规矩矩地接受斩首的刑罚，还是逃亡？逃亡能逃到哪里？到处都是关卡，而且早在商鞅时期，秦国就已经发明了"身份证"，到哪里都要验明正身。还有严厉的连坐制度，一人犯法，亲属邻居都要遭罪，自己逃亡，家里怎么办？而即使不被抓到，身居荒野，不饿死，也要被强盗害死，或被野兽咬死。

于是，壮丁们揭竿为旗，斩木为兵武装自己。他们诈称是扶苏、项燕的队伍，号召百姓响应，并袒露右臂，建设简陋的祭坛，以两军尉的头颅祭祀天地神灵。陈胜自称将军，吴广为都尉，还有一群衣衫褴褛的壮丁，呼喊着冲向大泽乡，中国历史上第一次大规模的农民起义开始了。

燕雀安知鸿鹄之志

《尸子》：虎豹之驹未成文，而有食牛之气；鸿鹄之鷇羽翼未合，而有四海之心。

皋亭山顶，项梁、丘弭二人目视北方，与上次登皋亭山顶时不同的是，旁边多了一名少年，他身长八尺二寸，悍目重瞳，虎须燕颔，力能拔山，气可盖世。此子名叫项籍，字羽，人皆称项羽。项梁跟丘弭自上次分开也有近十五年了，经一日长聊得知，项燕战死后，项氏一门流亡各地，项梁就带着侄子项羽避仇到了吴中，也就是今天的苏州一带。

项羽父亲早亡，从小便将项梁当成父亲，项梁也把他当成亲生儿子。项羽少年时就很聪明，项梁便亲自教他念书、写字，但项羽不愿好好学习；项梁又教他使枪用剑，项羽也学不多久就又不学了。项梁骂项羽没有出息，项羽回答说："认字、写字只能记记姓名罢了，学剑术只能敌得住个把人，不值得学，我要学能抵挡万人的本领。"项梁见他有抱负，便教他学兵法，项羽很高兴。年少狂妄的项羽时常让项梁无可奈何，项梁虽知这个侄儿有过人的胆识，但还是希望他能收敛一些，不然可能将来会因此而成不了大事。

第八章 沧海桑田见钱唐

项羽

有一年，秦始皇祭祀完大禹陵后，率众经过吴中回咸阳，街道两旁挤满了观看的人群。项羽看到秦始皇出巡那宏大的车队、闪闪的兵甲，以及气势雄伟的车马，很是羡慕，但是轻狂的他并没惊讶，或许是将惊讶压在了心底，只是不屑地淡淡言道："彼可取而代也。"这句狂言一出，一旁的项梁可吓坏了，慌忙捂住了项羽的嘴巴，警告他不要乱说，这关系到全族的性命。不过，项羽的大气和高远志向也让他成为项梁心中的希望。

项梁在吴中威信颇高，贤士大夫皆入其门下，当地的大事全由他出面主办，项梁就利用这些条件暗中招兵买马，训练子弟。

有了项羽这个勇士，项梁也开始将计划付诸行动了。

陈胜、吴广起义爆发后，会稽守殷通也想响应起义。而项梁和项羽只是殷通的部下，且只是布衣之身。

项梁不想屈居人下，这样无法光复楚国，况且要造反，先从官府要员下手可震慑人心，所以只能杀了殷通，并快速控制了郡府。通过争取地方贵族们的支持，项梁当上了会稽郡郡守，宣告了抗秦行动的开始。不过，可能连项梁也没有想到，他的这一行动也开启了项羽的霸王之路。

此次项梁来找丘弭，就是想让他任督造一职，为起义军提供兵器、车马和战船等战略物资。不过，经历了楚灭越，秦又灭楚，而今又起硝烟的连年战祸，丘弭只想带着剩下的族人和百工坊的老幼去勾乘山避祸。项梁见苦劝无果，只好作罢，相邀再游皋亭山。丘弭此次安排项梁看皋亭山的落日，可能反映了他此时的心境吧。

如何自立？如何求强？如何避祸？如何消灾？春秋战国时期有着许许多多解决这些问题的办法，这些办法也对现在的人们处世、立业有很强的指导意义。春秋战国时期折射出的仁、义、信精神，闪烁出的礼、智、勇光芒为万世称道。

夕阳勾勒出皋亭山的轮廓，蓝灰的天空浮动着金色的云朵，天边呈现出火焰一般的嫣红。而与日出时不同的是，山下的一片泽国被映得金黄一片，微微的山风，诉说着皋亭山与这片水泽的故事。项梁、项羽和丘弭望着落日跌进迢迢星野，让白日的疲倦落入温柔暮色里，随着云霞消散。

皋亭山的落日余晖，就让人感觉满是希望啊，一切都会向着好的方向发展，会有那一天的，这里将会破茧成蝶。

后来，项梁战死，项羽为了给叔叔报仇，与秦军展开巨鹿之战，但他也因此失去了先入咸阳的机会，这才让刘邦坐收了渔利，不过这些都是后话了。

秦始皇自称始皇帝的时候，一心想让秦朝的天下千秋万代绵延不休，但他没想到仅仅十四年之后，才传到第二个皇帝时秦朝就灭亡了。尽管秦始皇采取了种种巩固统治的措施，但他的独裁专制、横征暴敛埋下了祸根，秦朝终被天下之人推翻。后人杜牧在《阿房宫赋》里也总结道：

"灭六国者，六国也，非秦也；族秦者，秦也，非天下也。嗟乎！使六国各爱其人，则足以拒秦；使秦复爱六国之人，则递三世可至万世而为君，谁得而族灭也？秦人不暇自哀而后人哀之，后人哀之而不鉴之，亦使后人而复哀后人也。"

又有谁知道，古代的杭州地区，水泽遍布、山脉蜿蜒，春秋战国至秦汉时期，皋亭山脚曾经有一座颇具规模的城邑，这座小城曾是吴越争霸之时越国屯兵的地方。

历史就似浩浩汤汤的钱塘江水，众多文明沉淀于此，而又有众多文明随着时间的流逝消失殆尽。时代的变迁让它们早已失去原貌，但其遗留下来的文化则随着工匠们的器物与现代连接。现今杭州城东北的皋亭山下，出土有大量战国时期的文物，包括原始瓷器、吴钩越剑、玛瑙玉器，以及国宝级文物战国水晶杯等，这是古时的匠人在向我们展示疏离于历史舞台之外的凡俗人心，其自有曲折幽深和朴素尊严。通过这些器物，我们知道了一群权力结构边缘的无言者的故事。通过汲取最新的文物考古成果，今天的人们能系统地把看起来散珠似的各类古物串联起来，让这些不同于中原文明却又受到中原文化影响的典型器物成为过往故事最好的载体，给予它们展现自身命运的机会，以补足历史的拼图。

参考文献

1.〔东汉〕班固：《汉书》，中华书局，1962 年。
2.〔西汉〕刘向：《说苑》，中华书局，2019 年。
3.《论语》，线装书局，2014 年。
4. 杨伯峻编著：《春秋左传注》（修订本），中华书局，1981 年。
5. 张觉：《吴越春秋校证注疏》（增订本），岳麓书社，2019 年。
6. 张仲清译注：《越绝书》，中华书局，2020 年。
7. 萧山县志编纂委员会：《萧山县志》，浙江人民出版社，1987 年。
8.〔春秋〕左丘明：《国语》，北京联合出版公司，2015 年。
9. 汪少华：《〈考工记〉名物汇证》，上海教育出版社，2019 年。
10.〔西汉〕司马迁：《史记》，中华书局，2019 年。
11.《墨子》，线装书局，2016 年。
12.《庄子》，中华书局，2015 年。
13.〔春秋〕孙武：《孙子兵法》，北京工艺美术出版社，2019 年。
14.〔西汉〕刘向：《战国策》，中华书局，2012 年。
15.〔北宋〕司马光：《资治通鉴》，光明日报出版社，2016 年。
16.《吕氏春秋》，中华书局，2011 年。
17.〔战国〕尸佼：《尸子》，华东师范大学出版社，2009 年。

丛书编辑部

艾晓静　包可汗　安蓉泉　李方存　杨海燕
肖华燕　吴云倩　何晓原　余潇艨　张美虎
陈　波　陈炯磊　尚佐文　周小忠　胡征宇
姜青青　钱登科　郭泰鸿　陶文杰　潘韶京
（按姓氏笔画排序）

特别鸣谢

顾志兴　杜正贤　楼毅生（系列专家组）
魏皓奔　赵一新　孙玉卿（综合专家组）
夏　烈　李杭春（文艺评论家审读组）

图片作者

杜正贤　吴大年　武　超　姜　骋
（按姓氏笔画排序）